数学的な考え方の具体化

名著復刻

片桐 重男 著

数学的な考え方・態度とその指導 ❶

明治図書

JN155364

本書は，1988年に刊行された『数学的な考え方・態度とその指導1　数学的な考え方の具体化』を復刻刊行したものです。記述内容については，刊行当時のままとなっております。また，原本から直接製版しているため，一部に文字のつぶれや汚れが見られますことをお含みおきください。

復刻版のまえがき

　本書は1988年に公にしたが，幸い非常に好評で，版を重ねてきた。しかし，現在は，全く手に入らなくなり，「この本を読みたい」という要望がたびたび聞かれる。このたびの復刻によって，それに応えることができたといえよう。

　そもそも，「数学的な考え方の育成」は，昭和31年の高等学校数学科の目標として決められてから，今日まで50年以上の間ずっと我が国の算数・数学教育の目標となっている。そして，今回改訂された教育課程でも，「数学的な見方・考え方を働かせ」ることを目標の冒頭にあげ，その育成を目指している。したがって，今後も数学的な見方・考え方の育成を目標として，一層その指導を考えていかなくてはならないといえる。

　「数学的な考え方の指導」の研究も，その歴史を踏まえて，理論的講究ができるだけ確実になされなくてはならない。そして，それが具体例によって裏づけられなくてはならない。教科教育のねらいは，児童生徒一人ひとりをより望ましい人間に育成することだから，理論的研究に劣らず，具体事例の研究が重要なのである。さらに，理論が実践によって裏づけられるだけでなく，目標に迫る実践事例が示されなくてはならない。

　そこで，本書の第1巻『数学的な考え方の具体化』では，数学的な考え方の歴史的，理論的面を研究し，まとめた。また，その望ましい実践事例を示した。さらに，第2巻『問題解決過程と発問分析』では，数学的な考え方を育てるための具体的な発問の分析と実践事例を示している。

　ところで，算数では「数学的な考え方」，中学・高等学校の数学科では，以前から「数学的な見方・考え方」といっていた。もちろんこの2つに違いはなく，今回の改訂で，算数でも「数学的な見方・考え方」とされたようである。

　本書では，「数学的な考え方」を3つのカテゴリーに分けている。主に「方法に関係した数学的な考え方」が「考え方」と，「内容に関係した考え方」が「見方」とみるととらえやすいであろう。そして，最も大切な「数学的な態度」は，この両方にまたがるものであるといえよう。

2017年5月

片桐　重男

はじめに

　数学的な考え方の研究を始めたのは，都立教育研究所の指導主事をしていた1965年頃からである。都立教育研究所数学研究室の事業として，研究室の方々と「数学的な考え方とその指導に関する基礎的な研究」についての研究をし，その研究発表を行った。指導主事が自らの研究についての発表会を行ったのはこれが最初である。またこの時，都立教育研究所の研究紀要が初めて出されることとなり，この第1巻にこの研究を載せることができたのである。この研究は，その後算数・数学教育関係者に相当関心をもたれてきている。

　私自身は，これに必ずしも満足ではなかったので，これについて徹底的に研究し直し，まとめ直そうと考え，10年以上前から本書の構想を練ってきた。

　その内容は，

　　1　数学的な考え方の育成は，授業のねらいとして欠かせない重要なものであることを明らかにすること
　　2　数学的な考え方の具体的内容を明確にすること
　　3　数学的な考え方を育てる指導法を確立すること
　　4　数学的な考え方のよさが子供たちにわかり，自然にそれに子供たちの目が向くようにする。そのため，この必要を知らせ，これを発動させる原動力としての数学的な態度とその指導法を明らかにすること
　　5　かくして数学的な考え方・態度を育てる指導の原理をとらえること

である。

　これについて研究し続け，その成果を本書に著すことになったのであるが，この研究を進めるにあたっての根本的な態度は，次のことである。

理論的な考察を行うことはもちろんだが，それ以上に具体例，具体的場をできるだけ豊富に求めることである。この具体例の累積によって，上のねらいを達することである。

理論的にしっかりしたものであれば，具体例はほとんどいらないという意見もあり，数学教育の研究の中にはこのように考えているとみられるものもあるが，少なくも教科教育は，その研究によってより児童生徒の指導の効果があげられ，成果が高められることが必要である。したがって，具体的な場と具体的な指導の方法が示されなくてはならない。これがなければ，立派に見える理論も価値が少ないものとなる。むしろ理論もこの具体に裏づけられてこそ理論らしい理論になると言えるのである。

しかしこの具体例は極めて多様である。1年生に適した具体例があっても6年生には見つけられないかもしれない。ある学年やある内容に適当な場があっても，他の学年や内容にあるとは必ずしも言えない。それだけに，できるだけ豊富に具体例を示すことが重要である。そしてこれをして初めて，実際に生きた理論となる。このようなことから，それぞれの主張に対して具体例を示すことに最も力を尽くしたつもりである。

なお，学び方を学ばせるとか，生涯学習とか，自己教育力といったことが重要だと言われている。本書では，これらについては直接言及していない。しかし算数・数学の指導では，数学的な考え方やこれを発動させる原動力である数学的な態度が学び方であり，育てたい自己学習力や自己教育力である。このことは本書の主張をみていくことによって明確にわかってもらえることと思う。

本書を書き上げるに当たって，多くの方に直接いろいろとお世話になった。本書の実験授業は，本書の一つの重要な部分であるが，これは本書独特の指導案と発問によるものである。この新しい難しい実験を実行し，索引等の作成に協力していただいた野口みか子さんと大場得信君に心からお礼を述べたい。また，本書にはあげてないが，同様な授業をし，いろいろな示唆を

得させてくれた藤崎慶子さん，細水保宏君にも同様にお礼を述べたい。また，原稿作成の段階でのワープロや校正を手伝ってくれた若松義治，富竹徹，杉原栄，府川誠一，佐藤敏博，佐藤孝彦，栗原寛，小林志保，酒井正隆，池田尊，梶塚玲子，宍戸学，清水誉志人，上野和彦の諸君にも感謝したい。最後になったが，本書の発行についてお骨折りいただいた明治図書の間瀬季夫部長，井草正孝君に厚くお礼申し上げる次第である。

なお，本書の読み方について一言つけ加えておく。

もちろん本書は初めから丹念に読んでいっていただくことが，最も望ましいことである。

しかし1巻と2巻を一気に読み通すということは，そう容易ではないかもしれない。

そこでまず本書の特に独創的なところを知りたいという時には，次の章，節を先に読むことも一つの方法である。

 第1巻 序章
      第Ⅳ章 §1，§2，§4
 第2巻 第Ⅴ章 §2
      第Ⅶ章
      第Ⅷ章

 1988年7月

著者 片 桐 重 男

目 次

復刻版のまえがき

はじめに

序章　算数・数学の指導と数学的な考え方・態度

§1　数学的な考え方・態度の意義 …………………… 9
§2　数学的な考え方・態度の指導の課題 …………… 15

第Ⅰ章　数学的な考え方・態度の指導の必要性

§1　学力と数学的な考え方・態度 …………………… 19
§2　教育の目的決定の観点と数学的な考え方・態度 …… 31

第Ⅱ章　数学的な考え方・態度の指導の歴史的考察

§1　黒表紙の目標 ……………………………………… 38
§2　数理思想と数学的な考え方・態度 ……………… 40
　　1　緑表紙教科書の数理思想 ……………………… 40
　　2　大正・昭和初期の進歩的数学教育者の考え …… 43
　　3　理数科算数・数学の数理思想 ………………… 54
§3　昭和20年代の算数・数学教育の目標と数学的な
　　考え方・態度 ……………………………………… 58

§4 昭和30年以降の算数・数学教育の目標と数学的な考え方・態度……………………………………60

第Ⅲ章 数学的な考え方についての先行研究
§1 数学的な考え方についての先行研究……………69
 1 数学的な考え方について一般的考察をしている先行研究……………………………………70
  (1) 戸田清の意見………………………………70
  (2) 赤攝也の意見………………………………71
 2 数学的な考え方の若干の内容を示している先行研究………………………………………72
  (1) 秋月康夫の意見……………………………72
  (2) 『数学的な考え方と新しい算数』にみられる考え方…………………………………74
  (3) 『新・算数指導講座』にみられる考え方……………74
  (4) NCTM 24 rd yearbook にみられる Mathematical Ideas……………………………76
  (5) 大野他著『算数数学への新しいアプローチ』にみられる考え方………………………80
  (6) 若干の小学校の研究………………………81
  (7) S. Brown & W. Marion の What if not technique……………………………………84

3　問題解決のストラテジーの先行研究……………85
　　　　⑴　PolyaのHow to solve it より …………………86
　　　　⑵　L.R. Chapman らの The Structure of
　　　　　　Mathematical Thinking ………………………87
　　　　⑶　G.L. Musser & J.M. Shaughnessy の
　　　　　　Strategies ………………………………………88
　　　　⑷　W.A. Wickelgrenの問題解決の方法 ……………90
　　　　⑸　J.F. LeBancの Strategies ……………………91
　　　　⑹　Alan H. Schoenfeld のHeuristics in the
　　　　　　Classroom ………………………………………92
　　　　⑺　S. Krulik & J.A. Rudnikの Strategies …………94
　　　　⑻　R. Charles & F. Lester のStrategies …………96
　　　4　数学的な考え方を構造的にとらえようとしている
　　　　先行研究……………………………………………99
　　　　⑴　原弘道の意見………………………………………99
　　　　⑵　菊池兵一の数学的な考え方 ……………………100
　　　　⑶　川口廷の意見……………………………………101
　　　　⑷　和田義信の考え…………………………………102
　　　　⑸　都立教育研究所の研究の数学的な考え方……104
　　§2　数学的な考え方についての先行研究のまとめ……110

第Ⅳ章　数学的な考え方の内容

　　§1　数学的な考え方・態度についての基本的考え……114

　　　　1　構えに着目 …………………………………… *115*
　　　　2　外延的定義によるとらえ方 …………………… *120*
　　　　3　算数・数学で指導したい考え方・態度 ……… *121*
§2　数学的な考え方の内容把握についての基本的考え… *122*
　　　　1　数学的な考え方の具体的内容をあげる観点 …… *122*
　　　　2　数学の方法に関係した考え方を考える観点 …… *125*
　　　　3　数学の内容に関係した考え方を考える基本的観点… *128*
§3　数学の方法に関係した数学的な考え方 ……… *128*
　　　　1　帰納的な考え方 ……………………………… *128*
　　　　2　類推的な考え方 ……………………………… *134*
　　　　3　演繹的な考え方 ……………………………… *139*
　　　　4　統合的な考え方 ……………………………… *148*
　　　　5　発展的な考え方 ……………………………… *159*
　　　　6　抽象化の考え方 ……………………………… *169*
　　　　　　── 抽象化, 具体化, 理想化, 条件の明確化の考え方 ──
　　　　7　単純化の考え方 ……………………………… *174*
　　　　8　一般化の考え方 ……………………………… *178*
　　　　9　特殊化の考え方 ……………………………… *181*
　　　10　記号化の考え方 ……………………………… *186*
　　　　　　── 記号化, 数量化, 図形化の考え方 ──

§4 数学の内容に関係した数学的な考え方 ……………… 196
　　1　数（N）に関する内容とこれについての考え ……… 197
　　2　計算（C）に関する内容とこれについての考え …… 202
　　3　量と測定（M）の内容とこれについての考え ……… 205
　　4　図形（G）に関する内容とこれについての考え …… 208
　　5　式（E）に関する内容とこれについての考え ……… 212
　　6　関数（F）に関する内容とこれについての考え …… 214
　　7　統計（S）に関する内容とこれについての考え …… 219
　　8　内容に関係した数学的な考え方のまとめ ………… 221

〔第2巻の目次〕
第Ⅴ章　数学的な考え方の構造化
第Ⅵ章　数学的な態度についての先行研究
第Ⅶ章　数学的な態度の構造とその内容
第Ⅷ章　数学的な考え方・態度の指導のための発問分析と実験授業
第Ⅸ章　数学的な考え方・態度の構造と発問分析研究のまとめ

序章

算数・数学の指導と数学的な考え方・態度

§1 数学的な考え方・態度の意義

　数学的な考え方の育成が，算数・数学の目標として明示されてからすでに25年以上を経ている。しかしこの数学的な考え方を目標に明確に位置づけて，これに迫る授業がなされているとは一般には言いがたい。もちろん，指導者によって重点内容のとらえ方，指導法，評価の方法は同じではない。そしてこれが最適であるというものが一般に了解されているわけでもないが，知識・技能に関してはその指導内容とそれを指導する目標は，指導者が把握している。そしてその目標達成を目指した指導，評価も行われている。

　これに対して数学的な考え方については，毎日の授業や，それぞれの単元の指導で，これをどう指導したらよいかがとらえられているとは言いがたい。したがって，考え方の指導がなされているとは一般には言えない。

　しかもこの点が，数学的な態度については数学的な考え方以上に不十分である。一般に毎日の指導のどの場面で，いかなる態度を育てるように指導するかが示されていることはほとんどない。

　このように具体的な考え方や態度を育てることを目標にせずに，多くの指導がなされているということは，ことさらこれらをねらった指導をしなくても，知識や技能を身につけさせることをねらいとすれば，望ましい算数・数

学的な力を身につけられる，十分な指導ができると考えられているのではないかとも考えられる。

しかし，知識や技能だけでは満足に数学的な問題が解決できるとは言えないであろう。このことを次の例でみてみよう。

「問題：下の図の中に何個の正方形があるか。」
という問題を小学校4年生に与えた時，これがどう解決されるかを考察してみる。

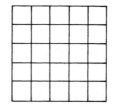

(1) 問題を説明した後，自由に考えさせる

一番小さい正方形だけを数えればよいと考えている者と，いろいろな大きさのものすべて数えるのだと考える者とがいる。このことから問題を明確にしようという態度が必要となる。そして大きさがいろいろな正方形すべてを数えることとする。

しばらく数えさせるが，ほとんどの者が数えられないか，数えられても結果が間違っているであろう。（しばらく自由に数えさせたところで，何人かの者に数えた結果を発表させると，それぞれの者の個数が異なっている。このことから大部分の者が誤っているということがわかる。）

(2) 自己の問題をとらえる

正しく数えられないという経験から，何が自分にとって問題なのかということを考え，「どのようにしたら正しく，また手際よく数えられるのだろうか」ということが問題であることをつかむ。そして，数え方の工夫をしようということに関心が向けられる。ここで初めて児童各自が自己の問題をもったことになる。初めの問題は与えられた課題であって，児童各自

の問題では必ずしもない。この課題に対して受動的に試みただけである。しかし，各自が自由に数える努力をした結果，例えば「いちおう個数が得られたがこれで本当に正しいのだろうか。正しいならそのことがどのようにして確かめられるのだろう」「数えられたがずいぶんめんどうだった。もっとうまい方法はないだろうか」「数えたが間違ったようだ。正しく数えるにはどんな工夫をしたらよいだろう」「うまく数えられない。どういう工夫をしたら数えられるのだろう」といったように，各自が自分なりの問題を明確にしようと考える。そして，「数え方のよりよい工夫をしよう」という問題に積極的に挑戦しようということになる。

(3) どんな工夫をしたらよいかを話し合う

　その結果，「正方形にはいろいろな大きさがある。大きさによって分類して，それぞれの大きさの個数を数えればよいだろう」という適当な観点によって分類しようと考える。これは比較的容易に気づくことである。

(4) 上の工夫に基づいて再び数え，その結果を発表する

　数え終わったところで，その個数を発表させる。

　その結果は次のようになる。

　　1辺の長さ1のもの　　25
　　　　　　2のもの　　16
　　　　　　3のもの　　　9
　　　　　　4のもの　　　4
　　　　　　5のもの　　　1　　　計55

そしてこうなることを確かめるために，1人の子に，板書した図でもう一度数えさせる。そうすると正方形の周をなぞりながら数えていく。そのために図が汚くなり，どれを数えているかがはっきりしなくなってしまう。この経験から，よりよい方法を工夫しなければならないことに注意が向けられていくであろう。

(5) そこでどれを数えているかがはっきりしなくなった理由を考え話し合

い，数えるのに一つ一つの正方形の周をなぞっていくことがうまくないことを知り，そこで，周をなぞらないで数えられないかという<u>数え方の工夫をしよう</u>と考えていく。

(6) 数えやすいものに置き換える

その結果，例えば辺の長さ2の正方形を数える場合には，その大きさの正方形1個に対して，その左上の頂点は1つだけである。すなわち，長さ2の正方形とその左上の頂点となる点とが1対1に対応している。そこで，このことを用いて数えればよいだろうということを発見する。すなわち，よりよい数え方はないか，<u>もっと思考・労力を節約しよう</u>という考えから，正方形を数える代わりに，その左上の頂点を数えるという<u>対応関係にある数えやすいものに置き換えよう</u>という考えをはたらかせるのである。

(7) 数えるものを見つける

まず，辺の長さ1の正方形の左上の頂点になる点に印をつけながら，数えていく。次に辺の長さ2の正方形の左上の頂点を数えていく。

辺の長さ1のものの　　　　　　　辺の長さ2のもの
左上の頂点の並び方

・ ・ ・ ・ ・　　　　　　　　　・ ・ ・ ・
・ ・ ・ ・ ・　　　　　　　　　・ ・ ・ ・
・ ・ ・ ・ ・　5×5　　　　　　・ ・ ・ ・　4×4
・ ・ ・ ・ ・　　　　　　　　　・ ・ ・ ・
・ ・ ・ ・ ・

これによってそれぞれの頂点の並び方の規則性を見出す。すなわち，<u>帰納的な考え方</u>を用いる。

ここに洞察が起こり，問題は一挙に簡単になる。

(8) 式に表す

これをもとに，個数を<u>式に表す</u>ことを<u>工夫する</u>と，数え方という<u>内容が明確に表せて</u>よいことに気づかせる。そして次の式をうる。

$5 \times 5 + 4 \times 4 + 3 \times 3 + 2 \times 2 + 1 \times 1$

(9) 一般化する

　これで，いちおうこの問題は解決できたことになる。そこで次に，「辺の長さが6になったらいくつになるか考えよう」といったように，これを一般化しようと考えさせたい。

　(8)で求めた式の式の形に着目して，これにさらに6×6を加えればよいだろうと推測させる。そして，これを図について確かめさせる。

　このような学習が進められることは望ましいことである。しかも，これらの段階を，児童自身が自主的に積極的に進めていくことができれば，いっそう望ましいことである。

　ここで，このような学習が進められるためには，どのような能力が必要であるかということを考えてみよう。それは次のようである。

・個数を数える問題であるから，個数を数える能力をある程度必要とすることは言うまでもない。
・種々の大きさの正方形が認められること，正方形とはどんな形かの知識をもっていることも必要である。
・正方形そのものを数える代わりに，左上の頂点を数えることに気づかせたい。そのためには，正方形にはこの頂点が一つある。それはどの点かということの知識がなければならない。
・個数を$5 \times 5 + 4 \times 4 + 3 \times 3 + 2 \times 2 + 1 \times 1$のような式に表す力も必要である。

　以上のような知識や技能を必要とする。しかし，これらの知識・技能を確実に身につけているというだけでは上述のような解決ができるわけではない。またここで必要な知識・技能は，上でみてきたように，特にあらかじめ準備しておくというほど程度の高いものもないし，そんなに多くもない。しかしこの問題は，4年生にとってはそうやさしくはない。それは知識・技能

以外にもっと多くの大きな力を必要とするからであろう。
　そこで知識・技能以外にどんな力を必要とするのかを見直してみる。
　それは，実は上述の各段階でアンダーラインを引いて示したものである。
　(1)で，問題を明確にしようと考えることが一つである。
　(2)で，正しく数えられないという経験をもったことから，数えることをあきらめてしまわないで，困難は何なのか，なぜ数えられないのかを考え，自分なりの問題を明確にしようと考えることに始まり，正しく数えられる，よりよい数え方を工夫しようと考える。
　(3)で，その結果，いろいろな大きさの正方形があるから，適当な観点から分類して数えようという考えをする。
　(4)で，これによって数えるが，しかし，それぞれの大きさのものがいくつあるかを示すしかたがうまくないということから，よりよい方法を工夫しようと考える。
　(5)でさらに，よりよい方法を工夫しようと考える。
　(6)で，その結果，正方形を直接数えないで，その代わりに数えやすい左上の頂点を数えることを思いつく。これは，思考や労力を節約しよう，そのために，対応関係（１対１）にある数えやすいものに置き換えよう，という考えをはたらかせたのである。
　(7)　そして，そのいくつかの場合を数えることから，一般に左上の頂点の並び方の規則性を見出す。これはいくつかの具体例から共通性を見出し，これから一般性を推測しようとする帰納的な考え方を用いている。
　(8)　そして，その数え方の表し方を工夫し，式表示のよさを生かそうという考えがもとになって，

　　　　$5 \times 5 + 4 \times 4 + \cdots\cdots$

といった表し方がなされたのである。
　(9)　この解決に止まらず，辺の長さが６の場合について考えていく。これは，この数え方と個数を一般化していこうと考えることによってなされるの

である。

　その一般化は，得られた式の形に着目することによって目的が達せられる。

　この例では，知識・技能以外に，これらを正しく生かしていくために，また次々により望ましい活動へと向けていくためには，上述のような種々の考え方，着眼がなされていくことが必要で，これらがなされることによって問題に新しい力で迫り，新しい方法，よりよい方法で対処していくことができるということがわかる。

　知識・技能のもとにあって，これらを生かし，行動を方向づけていく原動力が，これらの着眼・対処のしかたであると言えよう。これらは知識や技能とは異なる次元のものである。

　少なくともこの例については，知識や技能を身につけるだけでは不十分で，それとは異なる力──これを数学的な考え方及び数学的な態度と言いたい──が重要であることがわかる。

　おそらく，このことは他のどの数学的問題を解決する時にも言えることであろうと考えられる。

　そこで，この数学的な考え方・態度の指導の必要と，これらの意味を明らかにし，それらの相互の関係を明確にする。そしてこれによって，これらの考え方・態度の育成をねらった指導が十分にできるように指導の原理をとらえることが重要であると考えられるのである。

　これが本書を著す意義である。

§2　数学的な考え方・態度の指導の課題

　本書の目的は，小学校算数科・中学校数学科でねらうべき数学的な考え方・態度の意味を明らかにし，それらの構造を明らかにする。そしてその指導の原理をとらえることである。

しかし，**数学的な考え方と数学的な態度の意味**については，その内包を明確にすることは難しいし，それができてもそれだけではこれを目標として指導の対象にすることはできない。数学的な考え方・態度には具体的にどんな内容があげられるかを明らかにしなくてはならない。これが明らかでないと適切な指導はできないのである。

そして，数学的な考え方と態度をそれぞれ独立に指導することを考えるのではなく，両者の関係，すなわち数学的な態度が数学的な考え方を発動させる原動力になるということを十分に踏まえた指導をすることが，これらを生かし，よりよく身につけさせることになるのであろうということを明らかにしたい。

そのために，これらの**構造的把握**を試みる。そして，一般に指導者がどんな**発問**をしていったらよいか，子供たちはどのような考え方をしていくようにしたらよいかという指導の原理をとらえたい。

それに先立ってこれを指導することの**必要性**を明確にしておかなくてはならない。これが明確に意識されていないから指導がおろそかになるのである。そこでまず，この考え方・態度の育成を目標とすることが欠かせない重要なことであることを明らかにしたい。

数学的な考え方・態度の内容を明らかにし，その構造化を図るのであるが，この考え方や態度は万人に認められるようにその意味規定をすることは難しい。またその**具体的内容を列挙**することも極めて難しい。

しかも数学の内容，程度，アプローチのしかたによって，認められる考え方や態度やそれぞれの考え方・態度の重要度も異なってこよう。例えば，平行四辺形の性質については小学校でも中学校でも取り上げられる。しかし，小学校ではもっぱら帰納的に性質を見出させる。したがって，ここでは帰納的な考え方をさせることが考え方指導の中心となろう。しかし，中学校ではその性質を証明させる。ここではむしろ演繹的な考え方をさせることが中心となろう。

また同じような文章題の解決をさせる場合でも，小学校では，特別な場合をデータとして求めてこれらからルールを見出し，これを用いて解決するといった帰納的な考え方がねらいとされることが多い。中学校では方程式を作って解決するといった，式に表すことに関する考え方を育てることが中心になる。

　また，同じ連立方程式の解法を扱うにしても，その解法を論理的に説明できるようにするというところに重点をおく扱いがあろうし，種々の解法を指導して問題に応じて適当な方法を選択判断できるようにすることに重点をおく指導もある。また，種々の解法を比較して統合的に把握させる点に重点をおく場合もある。

　このように取り上げる内容はもちろんのこと，それぞれの内容の取り上げ方，重点の置き方によって，育てたい考え方・態度が決められてくるものである。学習する内容や課題と，それにアプローチする人によって取り上げられる考え方・態度が決められるのである。すなわち，**課題という変数と人という変数**を考慮しなくてはならないものである。そこで数学的な考え方・態度の具体的内容としていかなるものを考えるかということについては，まずその研究の対象学年を限らなくてはならない。本書では小学校算数科と中学校数学科でねらう数学的な考え方・態度に限ることとした。

　そのうえで次の方法で研究をすすめる。

(1)　まず，数学的な考え方と数学的な態度の育成を，小学校算数科・中学校数学科の目標とすることの必要について，[1]**理論的な研究**考察をする。

(2)　この必要をより明らかにするために，数学的な考え方と態度の育成という目標やこれに関係した目標について，[2]**歴史的な研究**考察をする。

(3)　すでに述べたように数学的な考え方・態度の意味もその具体的内容も，人によってそのとらえ方が異なり，そのすべてをあげることは難しい。そこで研究の対象を算数と中学校数学とに限ったのであるが，さらにその意味をどう規定していくかを考えなくてはならない。小・中学校で指導する必

要があるものについて，できる限りその考え方・態度の具体的内容，指導の場，方法を明らかにしたい。そこでこれまでの研究でどんな数学的な考え方・態度が取り上げられていたかが重要な観点となる。このようなことから内外の**先行研究**についての比較考察を行う。

(4) 数学的な考え方・態度のとらえ方についての**基本的考え**を示す。この考えについてはいくつか考えられるが，これらに基づいて，先行研究を十分に参考にしながら，本書の主張する**数学的な考え方・態度の具体的内容**がどのようなものであるかを示す。

(5) そしてそれぞれの数学的な考え方や態度の相互の関係を考え，**構造化**を図る。そのために算数・数学の主要な学習過程である**問題解決の学習**を考え，この各段階でどんな数学的な考え方が主に力を発揮するかを考察する。さらに特に考え方を支え，これを発動させる基になるものが数学的な態度であるとみられることを示したいので，この各段階ではたらく態度にどんなものがあるかを考える。このようにして問題解決の過程を仲介にして，数学的な態度が数学的な考え方にどう関わり合うかを考察する。

(6) この問題解決での各段階で用いられる考え方・態度に基づいて，指導の原理を作る。それは数学的な考え方や数学的な態度を引き出し，これを生かす**発問の分析一覧**を構成することである。そしてさらに，この発問の妥当性を実験授業によって明らかにする。さらに，この発問に基づいたいくつかの指導事例をあげる。これによって，このような指導が十分可能であり，望ましいことを示す。

以上のうち，数学的な考え方の内容を明らかにするところまでを第1巻で扱い，それ以降を第2巻で扱う。

第Ⅰ章

数学的な考え方・態度の指導の必要性

　本章では，数学的な考え方・態度を育てることをねらいにおくことが必要であることを明らかにする。すなわち，数学的な考え方・態度の育成を数学教育の目標として位置づけることの妥当性を理論的に考察する。それは，
　　第一には，「学力」の伸張という目的からみての必要を検討する。
　　第二には，教育の目的を決定する一つの観点を取り上げ，この観点から検討する。
　第一は，教育の全体的目的からの検討であり，第二は，目的をやや分析的にとらえた時の目的決定からみての検討である。なお，第三に，数学的な活動の面から数学的な考え方・態度の育成が必要なことを検討するのが望ましい。しかし，この点については第Ⅳ章§2の2で，数学者の考える数学的活動を紹介し，この活動での数学的な考え方・態度の重要さを示すので，この第三の点については，そこで取り上げることとする。

§1　学力と数学的な考え方・態度

　学力についての考察を除いて教育の目標を考えることはできない。子供たちの学力，少なくも基礎学力を身につけさせることが，各教科指導の目標であるといってよいであろう。「基礎学力が低下した」とか，「真の学力を身に

つけさせる教育になっていない」といったことになれば教育としては大問題であろう。これらは，正に学力を身につけさせることが，いつの時代でも，どの教科指導においても，指導の目標であることを示している。

しかし，これを目標として考えるにしても，ではその「**学力とは何か**」「**学力として身につけさせたい内容は何か**」ということを一歩突っ込んで考えてみると，その意味は必ずしも明確ではない。そしてこの意味が曖昧であれば，上述の「学力を伸ばすことを目標とする」といったことの意義は半減する。

実際**学力**については，その定義に対して，いわゆる**学力論争**としても長い間，教育学者の間で意見がたたかわされてきた。そして，[1]むしろ「学力は存在しない」と考えたほうがよいという意見もあるように，現在もその一致をみていない。

しかし，学力を育てることが目標であるということは，大方認められていることであろう。とすれば，本書で『学力をいかなるものと考えるかを示し，このうえに立って学力の伸張と，数学的な考え方・態度を伸ばすこととの関係を明確にしなくてはならない』。

そこでこのことについて考察していくこととする。

学力について，二つの大きな異なった主張がみられると言えよう。[2]「学力とは何かの論議が，今日のわが国の教育界ではかなり盛んである。この論議の多くは，情意ひいては『**態度**』を学力の一部として位置づけるかどうかを中心軸として展開されている」。

態度を学力に含めないという一方の軸は，「**計測可能な能力**」のみを学力とする立場である。

勝田守一は学力を次のように規定した。

[3]「成果が計測可能なように組織された教育内容を，学習して到達した能力」，[4]「この定義の眼目は，成果が計測可能なように組織された教育内容というところにある。勝田の規定は，成果が計測可能なように教育内容を組織

することによって，教育内容を研究する出発点から，『思考力』などの具体的計測にかからない心理特性を学力のカテゴリーから排除し，対象的に客体化できる科学的概念や法則，技術によって学力の中身をつくりあげていこうとする」。勝田と同じ問題意識をひきついだと思われる中内敏夫は，[5]「モノの世界に処する心の力のうち，だれにでもわかち伝えることのできる部分」と規定した。そして，鈴木秀一，藤岡信勝は，勝田の定義を補強しようとする意図から次のように学力を規定している。[6]「成果が計測可能でだれにでもわかち伝えることができるように組織された教育内容を，学習して到達した能力」「ここには三つの契機がある。第1に，『計測可能』という基準によって『態度』や思考力を学力の概念から排除し，学力に科学や技術などによる内容的表現を与えること，第2に，教育内容をだれにでもわかち伝えることができるよう組織する課題を教育学と教育実践に課すること，第3に，学力を学校において，教師のはたらきかけのもとに子どもが学習して獲得する能力として限定すること」。

そして，これとはやや異なったものとして，坂元忠芳は次のように定義している。

[7]「認識能力，すなわち『わかる力』としての学習……結果としてあらわれる学習は，なによりも『わかる』内容的な活動にかかわって……形成される」「学力そのものから，思考力など，それとしては，数量的・段階的に測定できない，またきわめて測定し難い部分を排除することを意味しない……わかる力としての学力をささえる内面の力である」「『わかる力』をささえる努力や意欲についても同様である」。

これに対して鈴木らは，

[8]「坂元の考える学力の内容を図式化すれば，次のようになろう。

学力 = { ・結果としてあらわれる学力（測定できる）
・「わかる力」……「思考力」「努力」「意欲」がこれをささえる。
（測定できない）

坂元が科学的知識や技術の習得を強調している点で,（後に示す）広岡や学習指導要領の立場とは異なることを認めなくてはならない。それにもかかわらず，学力の中に「わかる力」や「思考力」を導入しようとする坂元の構想は，結果的には態度主義としてわれわれがすでに批判したものと同じようなものにならないだろうか」と批判し，坂元と一線を画している。

　この坂元は，態度と学力の関係を次のように考えているのである。

　(9)「確かに学力論における『態度主義』は，教育内容の科学性（教育内容を科学の成果に従って編成するという原則）を否定する反科学主義としてあらわれる。学力論に於ける『態度主義』が反科学主義であることを批判することが全く正しいとしても——その点においては私は全く賛成であり,……——逆に教育内容の科学性の貫徹の主張が，学力から思考力を排除し，学力から態度を全く切りはなすことを意味するだろうか」「学力の概念を明らかにするためには，とくにそれを人格全体の構造の中でとらえるためには，学力の概念の内実とそれが他の諸能力と関連する点とを同時に明らかにしなければならないのであって，そのためには認識能力としての学力の構造を明らかにすることと，それらをささえ，またはそれと関連する意欲・感情などの関連を明らかにすることが不可欠だったのである」「学力と態度との関係を……認識能力とそれを支える一定の内的傾向との内的連関としてとらえることを意味するのである」。

　これでわかるように，坂元は態度主義を非科学的として反対している。そして認識能力を学力として規定している。この点鈴木らと同様である。しかし，これを支える内的傾向というものがあり，これとの内的関連を考えなくてはならない。その内的傾向は意欲・感情であり態度であるとして，態度が重要なはたらきをしていることは認めている。しかしこれを学力には含めていない。このように鈴木らは，態度を学力と認めないばかりか，これを非科学的なものとして，教育の対象から全く除こうとするものである。また坂元は態度を学力とは認めないが，教育の対象から除くことはしていない。

これらは極めて問題が多い。彼らは学力を「計測可能でわかち伝えることのできるもの」，そして教師のはたらきかけのもとに子供が学習して獲得する能力としている。この規定では，態度や能力は除外されないのであると考えられる。態度や能力は教師が分かち与える（この言い方は押しつけ注入するというニュアンスが強く，適当ではないが），指導できるものである。子供が学習し獲得していけるものである。さらに計測という語を評価のつもりで用いていると解釈しても，態度・考え方は計測できるものである。態度・考え方は測定，評価が可能なのである。ただ研究がまだ十分にその域に達していないということである。「不可能である」のと「力不足でできない」のとは別のことである。したがって，鈴木らの規定によれば，考え方・態度は学力に入るものとなる。この規定によって，これらを学力から除くという主張自身に問題がある。

むしろ考え方や態度を教育の内容から除くことを第一の前提として，上のような規定を試み，主張しているとしか考えられない。

またこの主張では，知識の注入，技能の形式的練習による教育を考えているとみられる。人間を憶える機械，反復する機械のようにする冷たい感じの主張である。

坂元も，学力についてはこれと同様であり，同様な批判をまぬがれないが，氏は態度，感情の重要性を認めている。しかしこれらの育成を教育，少なくとも教科のねらいとするかどうかが不明である。一方で非科学的と斥けているので，この点氏の主張は曖昧である。もしこれを指導のねらいとするなら，それを学力と考えようが考えまいが，態度の育成をねらいとして位置づけるべきである。ここまでくると，実は「学力」という語の示す範囲の問題となり，教育のねらいとしては，これを学力としても全く違いがなくなるのである。

広岡亮蔵は，[10]「学力は，評価可能でなければならないが，必ずしも計測可能であることを要しない（もし計測可能性が数量的評価可能性を意味するな

らば）。計測可能性を学力の必要条件だと主張するのは，狭あいな考え方ではなかろうか」「そもそも教育評価とは，学習者が教育目標や，指導目標にたいして，どのように到達しえたかの情報をえることである。その到達についての情報は，数量化しうることもあるし，数量化困難な質的な場合もある」「認知や技能でも高いレベルのものになってくると（例えば応用力や活用力，さらには洞察力や工夫力），計測評価だけではその正体が十分にとらえにくくなる。これらの場合には，計測評価をしたのでは，いわば影をとらえたにすぎない場合も少なくない。私たちは，計測評価の可能性の増大に努力すべきだが，認知や技能のことごとくを計測評価しつくすことは，おそらく困難だろう」と評価の面から，計測可能な知識技能に限ることは狭あいである，しかも知識技能でも，その高度なものは，計測可能とは限らない。したがって，計測可能に限ると，ある知識技能をも除くことになると批判している。もっともなことである。

　また上田薫も，次のように手厳しく批判している。

　[11]「転移という言葉を使うならば，転移させることのできない知識をもつということは，知識の本質からいって自己矛盾だといわなければならないのである。今日一部の人々にみられるように，測定可能なものだけを学力とし，転移は測定が困難であるために，その面を無視ないし軽視するというごとき傾向は，みずから学力の生命を抹殺するものといわなければならないであろう」

　このように転移を否定し，計測できるものというのは，いかにも狭隘な考えである。機械的，形式的で，とてもこれだけを教育の目標としての学力とみることはできない。

　このような意味での学力を身につけさせることをねらった教育では，望ましい人間の教育は望めない。

　そこで広岡は，学力についてまず，1964年頃に次のように主張している。

　これからの社会，技術は急速な進歩がなされるとみなして，これから要求

される(12)「技術とは，すでに学びとったものではなくなり，学ぶ能力，すなわち仕事についてのアイデアを新しい課題に適用する能力ということになるだろう」といい，これを必要な**学力**の一つとしている。またさらに，生きた発展する学力を必要とすると主張する。(13)「いま学校で学ぶ子供たちは，ゆうに21世紀まで生きのびる。この間に，かれらはかなり大規模な技術革新に直面するだろう。こういう変化のはげしい世界に生きていくには，固定した学力をもってしてはまにあわない。必要なのは，新たな状況に応じて，新たに思考し，行動する生きた学力である。また時代の進歩と共に歩む発展的な学力である。生きた発展的な学力，とかくおちいりやすい固定化と停たいをうちやぶって，たえず前進していく学力，新しいものを学びとっていく能力，これが今後の学力の魂である」「直接な生産活動よりも，事前の生産計画が重視されるようになり，ここでは少数の高度技術者の科学的熟練が必要となる」「一般の労働者は，直接の生産過程のなかにあって，オートメ化された機械を制御し，指示し，監視するという『制御者』の地位を占める傾向が見込まれる」「(イ)科学的な教養，(ロ)ポリノテクノロジー（科学一般における理解や操作力），(ハ)性格態度（集中力，正確さ，敏感な反応，労働のテンポとの調和性，可塑性など）の能力である」。

　要は「すべての子供に高い学力を
　　　　　調和のとれた科学的学力を
　　　　　　しかも，生きた発展的な学力を
の形であらわすことができる。これをさらにまとめていいあらわせば，
　　　高い科学的学力を，しかも生きた発展的な学力を
とつめることができる」。

　この高い科学的な学力とは，「抽象性──客観性──体系性をもつ知識，いいかえると科学である。発展途上にある子供には，科学そのものは無理であるにしても，科学，しかも最新の科学の途上にある知識を，めいめいの子供の才能に応じて高度につけていくことが大切である」「現代社会になりたっ

ている科学の成果，それも二番茶三番茶の古びたものではなく，科学界で地歩をえている最新の科学の成果を的確に習得していること。——これが正しい学力がもつ要件の一つである」。

生きた発展的学力とは，「習得した知識（技能）が，内的には主体化されて身についたものとなり，外的には応用力ないし適用力を帯びたものとなっていることである。生きた学力とは，これを心理学でいえば，転移する学力である」「時代の進歩と共に歩み，たえず自己更新をはかることは，今後の社会状況では大いに重要である。その様相は，現代→将来への転移だといえよう」。

「この学力の層構造として，主体が客観に対して，

　(1)　外層……要素的な知識および技能………………⎫
　(2)　中層……関係的な理解および社会的な技能………⎬知識（技能）層
　(3)　内層……思考態度，操作態度，感受表現態度……態度層

の三つの重層をとりだすことができる。

これら3重層はさらにいいつめれば，(1)と(2)を合した知識・技術層と，(3)態度層との2重層であるともいいうる。知識層と態度層の2重層でもって学力構造をとらえることは，正しい学力をとりだすために不可欠の重要事である」。

かくして，態度層こそ重要な学力であると主張している。ただ発展的な学力の中に態度を入れるということの理由が，これだけでは

〔学力の層構造〕

未だ不明である。知識技能だけでも発展的学力になぜならないのかが不明である。

そこで次に，氏が態度をいかなるものとみているかを知る必要がある。

氏は**態度**を次のようにとらえている。

(14)「態度とは，知識・技能・表現における学習者の反応の傾向性である。知

識・技能は主体と環境との交換域になりたち，その内容は環境の多様性を移し入れて具体で多様である。ところが態度は，むしろ学習主体の側における能力の傾向性であり，したがって一般的な能動作用である。知識内容は具体で多様だが，態度は形式作用であり一般的である。例えばある子供にとって，科学知識内容はさまざまであるが，彼の科学的態度はさまざまな知識内容を貫いている共通であり，一般的である。態度とは，人格の核心に位置する内層の能力である。態度能力が発動して環境とぶつかった時に，両者の交換域に知識が成立する。だから態度は，知識のいわば背後にあって，知識を成り立たせ，知識を支えている力である」。そして，学力をつけるには，思考の過程，学力獲得の過程が大切であるという。「過程を大切にする指導によって，科学的態度をおもんじながら科学的知識を組織するならば，態度に裏づけられた知識を獲得することができる。こうした知識は転移力をもち，生きた発展的な学力となることができる」。つまり態度に裏づけられた知識が転移するものになるのだという。そのような裏づけをうるには，過程を大切にしなければならないという。確かに問題場面に遭遇してはじめてある態度がとられるのであるから，知識の裏づけとして態度が生きるには，過程が大切であることがわかる。ここに広岡の主張には十分賛成するものである。ただ知識が態度に裏づけられていないと，転移するものにならないということは，未だ不明確な点が残る。

　上田薫は，基本的には広岡に賛成している。すなわち，

[15]「広岡さんの提案に関して，わたくしが重要であると考え，かつ共鳴をおぼえるところは，発展的な学力という考え方のほか，なお3点ある。その第一は，教育の，したがって教育の論理の主体性を強調するということであり，第二は，科学の法則を仮説とみなすということである。そして第三は，知識の生成過程を重んずるという点である」。

　これに加えて，氏の主張の特徴は，普遍性一般性ということである。

　知識には一般性がなくてはならない。この裏づけがあって，これが支えと

なって，転移がなされるのだといっている。そして上田は普遍性とは何かを問うている。そしてその主張は，以下に示すように正当であると考える。

(16)「普遍性とは，時と所とを超えて妥当するという性質のものではない。むしろ時代が自己自身をより望ましい方向へ導こうとする力である」「歴史を『そこからここへ』と把握することは，現在から未来への過程として考えれば，後者のそこを不確定な場所としてとらえる限り危険はないということができる。それは明らかに予測という意味をもつからである。そのとき生かされている法則は固定されていないからである。すなわち後者のそれは動的であり，別のそこへ到達する可能性が含まれているからである。この『他のそこへも行くことができる』ということこそ，先にわたくしの主張した普遍の働きなのである」「知識は完成し固定することのないものであるから，それは絶えず形成される過程にあるといってよいのである。このように考えれば，広岡さんが，生成過程を重んじられるのは当然であり」「広岡さんは，生きた発展的な学力の育成においては，過程がたいせつにされるべきであると主張されるとともに，その結果態度に裏づけられた知識が成立するのだと指摘されていた。このこともまた貴重なすぐれた指摘である。わたくしは久しく問題解決学習による知的形成が知識と道徳を切断しない点に特質をもつと主張してきた。広岡さんのいわれるように，これまで学力と考えられたものは，おしなべて知識技能の面に閉鎖されてきたのであるが，いまや真の学力としては，単に態度が付加されるべきだというのではなく，知識技能と態度とが不可分のものとしてとらえられなくてはならないのである」。

さらに広岡は近年次のように自己の主張を発展させている。

(17)「今日の学力問題は，豊かな人間性の育成という教育目標との連関において，学力の新しいあり方をうちだすことが，論議のひとつの焦点になっている」「学力がもつ第一の側面，そしていちばん主要な側面は，なんとしても認知的な側面であり，すぐれた知識性である」「つぎに，学力がもつ第二の側面は，技能的側面である」「主体的な学習活動のプロセスをみると，一つ

にはエネルギー的側面としての情意，そして二つには構造的側面としての認知（および技能）。これら二つの異なる側面が不可分離に絡みあっていることがわかる」。この点については，ピアジェも次のようにいっている。[18]「行為はエネルギー的側面と構造的側面とをもっている。前者は感情であり，後者は認識である」。また，両側面は[17]「相互にはっきりと異なっているものでありながらも，また相互に不可分離である」「だから，感情生活と認識生活と相互にはっきりちがっているものでありながら，また相互に不可分離的なものである。不可分離的な理由――なぜなら主体と環境との相互交渉には，必ず構造化と価値化が前提されるものであるから。しかしそれにも拘らず両者が個々別々のちがったものである理由。――なぜなら，行為のこの二つの側面は，一方を他方に還元してしまうことは出来ないものであるから」と。

[19]「学力の第三側面としての情意は，子供の情意の全面ではない。認知や技能の構造化のはたらきと直接的に絡まって，これを始動せしめ，推進するエネルギーとしての情意になるべく限って，これを学力の第三の側面とするのが，原則として妥当だと思われる」「学力の三側面の内部段階の仮説モデルをつくると，つぎのような試案になる。

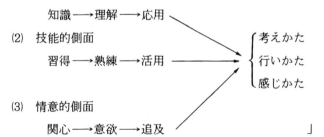

広岡の主張には，態度は，知識がはたらき，転移する推進力となる，発展的認知的側面のエネルギーになっている。そして上田の主張は，知識の生成は，問題解決の過程をふむことによる。そしてその解決の過程で態度が知識を発展的にしていくという，問題解決にそのよりどころを求めている。知識

や技能の必要を認めこれを発動させる原動力となるエネルギーが必要である。それが態度という情意的な面であるというのである。これは上述のようにピアジェも主張しているところである。

この広岡や上田の学力についての考え，すなわち情意的側面が学力の重要な部分であり，考え方をその最終段階とみるということが，本書の主張したいことである。学力の中心に，科学的発展的学力としての態度，さらに数学的な考え方を位置づけることが妥当であると主張するものである。

なお広岡は初期には，[20]「内層の態度attitudesは，教科を超えた高次なものとしては，物の感じかた，考えかた，行動のしかたなどがある。教科に定着したより具体的な態度としては，国語では，確かに読みとろうとする，場面に応じて話そうとする，味わいを感じとろうとするなどの態度。算数では，物ごとを数量的にとらえようとする，論理的に筋道を立てて考えようとする，物ごとの関係を関数的にとらえようとするなどの態度」と，態度の中に考え方を含めていたが，上述のように近年は考え方を最終段階としている。この点も本書が主張したいものに当たっている。

以上の考察から，学力を広岡や上田のように，知識・技能と共に態度を，さらに最終段階として考え方を含めることが妥当だと考える。したがって，数学的な考え方・態度を育成することが，真の学力を伸ばすことであって，これを目標としての指導こそ最も必要であるとすることが妥当である。そして，これら考え方・態度は知識・技能を推進するエネルギーであり，問題解決の過程を通して養われるものであり，問題解決の推進力として重要な役割を果たしていくものである。

§2 教育の目的決定の観点と数学的な考え方・態度

　目的をやや分析的に考える観点にはいろいろあろう。前述の学力の伸張を目標として，これをどうとらえるかも，その一つだといってよい。
　また，身につけたい知識・技能・数学的な考え方・関心態度という分け方が，指導要録の評価の観点として示されている。評価はそもそも指導の目標に照らしてなされるべきものであるから，これも一つの目標決定の観点であるといってよい。
　また，次の観点からも屢々目的が分析，考察される。
　[21]「(1)　Practical or utilitarian aim（実用的目的）
　(2)　Disciplinary aim（陶冶的目的）
　(3)　Cultural aim（教養文化的目的）」
この分類は，便宜的なものであって，これで峻別できるわけではない。しかし目的を考える時に有効な観点であるので，屢々取り上げられる。
　[22](1)の**実用的目的**というのは，算数・数学科における数学の内容，方法，過程の生活への直接的な有効さを意味するものである。
　これは，算数，代数，幾何，統計などの内容について，生活への有効性をもたせるということである。
　しかしさらにこのような直接的有効性という目的の他に，「概念やアイデアを獲得し，これによって数量的思考がなされ，明確に思考する能力を伸ばすことも含む」と考えるべきである。
　ここにこの目的の中に，知識・技能のみでなく数学的な考え方・態度を含むべきであるという一つの根拠が見られる。
　(3)の**教養文化的目的**については，知識・技能の面の文化遺産を知るだけでなく，[23]「①自然や芸術，工業製品の幾何学的形の美しさを**鑑賞する能力**，②

思考や陳述の論理的構造，正確さや，論理的推論，真偽の明確な判断などに関する完全さを求める能力，③数学の力を鑑賞すること，すなわち数学や抽象的思考が市民生活や産業，哲学の発展に果たす役割を鑑賞する能力」を伸ばすことも含んでいる。

　ここには形の美しさを鑑賞するとか，抽象的思考の力を鑑賞するといったことがみられ，これらは考え方や態度に関することとみてよいであろう。この点について，中島健三も，[24]「しかし，この立場で数学を教えることを考える際にも，結果として完成された知識やその体系を知らせることは否定できないにしても，それだけをねらいとした指導だけでじゅうぶんではない。むしろ，人間が本質的にどんな点に価値を認め，どのような考えや手法によってその実現を図ってきたかといった点が，よく理解されるような指導の方法を工夫することが是非必要である。この点が旨くいってはじめて，人間が創った文化としての数学の良さが理解されよう」というように，知識やその体系の理解を越えた，考え方や手法を理解させることが大切であると解釈している。

　[25](2)の**陶冶的目的**は，前項の特殊な技能の獲得とは異なり，精神的訓練に関する目的である。これは，「一般的特質の形成，精神的習慣の形成である」。これは他の場面へ転移することが期待されている。

　この点を明らかにするために，ここで，**形式陶冶**と**転移**の問題を明らかにしなくてはならない。

　形式陶冶については，篠原助市が詳しく考察しており，この考えによるのが妥当と考えられる。そこで氏の形式陶冶についての説をみることとする。

　氏は形式陶冶として，四つのカテゴリーをあげている。

　[26]「形式陶冶といふ語は一つであるが其の内容は必ずしも一義的に限定せられてゐない。少くも，その中に，四つの異なった意義が含まれてゐる。第一は之を，精神能力の発展に向けられた陶冶と解する。此の場合，形式陶冶は一定の文化財を伝達し，是によって生徒の精神内容を豊富ならしめる実質的

陶冶に対立する。これは，形式陶冶の最も一般的な解釈であるが，夫れが歴史的に発達するに従ひ，次ぎに説く如き種々の意義を有するに至った。形式陶冶の第二の意義は，一定の能力練磨としての陶冶であって，第一と密接に関係しながら，第一では，一定の材料に即した能力の発達といふに止り，その強調は教育上，作業の原理，自己活動の原理となって現るゝに止るが，第二では，内容如何に，あまり関心する事なく，材料よりも能力の練習に重きを置き，同時に此の練られた能力は，同じ能力の向ふ材料如何に拘らず転移するといふ所謂共練習Mitübungが重要な問題となる。其の極端なものに至ると，無内容の能力練習──『無意味の綴り』による記憶練習の如き──即ち，純粋形式陶冶rein formale Bildungとなり，教授上の形式主義を出現する。第三と第四とは，共に17世紀式の汎智主義又は百科辞書主義に対立し，中にも，第三は与えられた知識の総量よりも，其の根本形式，多くの知識に適用せられる知的範疇（この意味については後に詳説する）を体得せしめ，第四は知識獲得の方法及び態度に対する形式陶冶を意味する。第三，第四共に『如何なる』知識を得しむるかよりも，如何に知識を得しむるかを重んじ，凡ての知識よりも，知識の統一を目ざす。然るに，知識の統一は客観的には各種の知識に存する根本形式により，主観的に，個人に関係せしめて見れば，知識探求の方法となる」。[27]「一般的形式陶冶の心理的基礎は，18世紀の能力心理学であり，……一定の心力の練習は，全体としての心力の練習であり，その練習効果は他の如何なる材料にも転移するといふことである」。そしてこの「形式陶冶は，能力心理学の破壊者であるヘルバルトによって反駁の第一矢を投ぜられた」。また，「特にソーンダイクは1903年其の結果を…発表した。そして形式陶冶を根本的に破壊したものとして爾来，特に世人の注目にのぼってゐる」「是等の実験の結果は，一般的形式陶冶の破壊と言ふよりも，寧ろ形式陶冶の着眼点を変更せねばならぬことを，我々に示す所に却って重要な意義があると私は考へてゐる。所謂新着眼点とは形式陶冶の，前節に挙げた第三及第四の意義への転向である」「範疇的形式陶冶は，形

式的でありながら，内容に関し，内容の根本要素としての形式的陶冶であり，内容と不可分の関係に立つ。否，内容は之から構成せられる。夫れは実質的陶冶から離れたものでも，況んや之に反対なものでもなく，まさしく実質的陶冶の基礎としての形式的陶冶であり，人格内容を豊富にせんが為の形式的陶冶である」「自然科学的及び精神科学的認識の根本形式，基本要素としての範疇の陶冶は，……若し内容に関心しないで，根本形式夫れ自身の練習を陶冶の目的とするときは，終に形式主義Schematismusに陥らざるを得ない。……是等の根本的範疇に基づき，如何にして，認識内容が理解せられ若しくは構成せられるか。かく問ふとき，ここに問題は一転して，認識方法の問題となり，教授の方法の問題となる」「そして，この認識方法の形式練習こそ，私が上に挙げた，第四の意義に於ける形式的陶冶であり，夫れは第三の範疇的形式陶冶と相俟って初めて全きを得る。範疇的形式陶冶によって与へられたものは，内容獲得の方法に織り込まれて，始めて自己の機能を完全に発揮し，逆に，内容獲得の方法は内容を綴る道具としての範疇を利用することによって初めて成立する。二者は概念的に区分し得られるにせよ，実際の活動に於いては，常に両々相携へて進まねばならぬ」「若し，全人格として認識内容に面するを『態度』名づくるならば，上に挙げた方法的形式陶冶は，具体的には，精神的態度の教養となり，態度の教養に迄高められねばならぬ。……フィエーが『科学よりも科学的精神』の教養を重んじ，価値あるものに対する愛に教育の目標を置いたのも，一面からは態度としての形式的陶冶の力説である」「方法，態度は同じ価値領域に於いては同一であるべきであるから，同じ価値領域に於ける多くの内容に『任意に適用』せられ，一の内容にて得られた方法，態度は他の内容にも転移する。若し任意に適用せらるゝ活動の陶冶が形式的陶冶の本義であるとせば，方法，態度から見た形式的陶冶は実に形式的陶冶中の形式的陶冶である」「方法及び態度は内容を離れた方法，態度ではなくて，内容獲得の方法であり態度である。凡の内容の獲得は一種の創造であり，従って方法，態度は必然に発動的な創造的

な態度である」「内容を獲得する為の根本形式，其の方法，態度に対する教養が充分であったら，夫れで陶冶の目的は達したとも言はれ得るであろう。何に就て考へるかではなくて如何に考へえるか，何について意志し，何について意志するかよりも，如何に感じ，意志するかと言ふこと，総じて，考へ，感じ，意志する能力，方法，態度の教養，固定した内容ではなく，内容を築く為に，如何に武装せしむべきかが，教育の目標である」。

　以上，篠原助市の形式陶冶についての説を示してきたが，これらからわかるように，氏がいう第三，第四の形式陶冶こそ，我々が教育の目的とすべきものである。すなわち，方法，態度の形式陶冶である。これはそれぞれの内容に関係し，これを支え育てる方法，態度であり，これを陶冶することが最も重要である。これによってこそ転移が期待できるのである。

　そして，この方法，態度とは，数学教育ではまさに本書が主張する数学的な考え方・態度である。

　言いかえれば，篠原の説によって，数学的な考え方・態度こそが転移し，それによってそれぞれの内容が創造的にとらえられ理解されていくのである。

　以上の考察から，考え方・態度の育成が，欠かせない重要なねらいであるということがわかる。

第II章

数学的な考え方・態度の指導の歴史的考察

　前章で教育の目的からみて，数学的な考え方・態度の育成を目標にすることの必要を考えた。本章では算数・数学教育において，数学的な考え方・態度の指導が，目標としてどのように注目されてきたかを調べる。この考え方・態度の指導の変遷をみることによって，考え方・態度の指導の必要性を明らかにしたい。

　この考察を，明治38年の算術の教科書が国定になった時から始める。

　明治38年に小学校の教科書は，これまでの検定教科書から国定教科書に変わった。以来昭和25年まで国定時代が続いた。

　明治38年には尋常小学算術と高等小学算術の教科書は国定となり，尋常小学第3学年以上に児童用が，尋常小学第1学年から教師用が出された。これは表紙が黒色であったことから「黒表紙」と言われる。この黒表紙は途中4回改訂がなされたが，昭和10年までは，本質的には大きな変化のないままに続いた。そして，昭和10年にこれまでのものとは全く様相を異にした教科書になった。この小学算術書は，表紙が緑色であったことから「緑表紙」と呼ばれる。第1，2学年は色刷りで，内容もその展開も黒表紙とは大きく異なるものであった。

　そして，昭和16年に，皇国民の錬成というねらいから，小学校が国民学校初等科と高等科とに改められ，算術は，理数科という教科の一科目として，「算数」と改められた。そして改訂教科書として，「初等科算数」「カズノホ

ン」及びこれらの教師用書とが出された。

　明治38年の国定になる以前に西欧では，1900年の初めから，J. Perry, F. Klein, E. H. Moore, E. Borel による数学教育の改良が唱えられた。いわゆる数学教育の改良運動である。これは，後述するように，わが国には約20年遅れてこの影響が現れた。例えば，大正4年にこの運動の影響をうけて，文部省から「新主義数学」が翻訳されて出された。

　また小倉金之助や佐藤良一郎らの進歩的指導者が大きな影響を与えた。

　また，大正末から昭和の初めにかけては，ソーンダイク等の心理学の発達による形式陶冶の否定，自由主義教育思潮の影響を大きく受けた。そして，例えば，小学校では奈良女高師附小の清水甚吾，成城小学校の佐藤武，東京女高師附小の岩下吉衛，東京高師附小の三井善五郎，稲次静一らによる自由主義的新算術教育の実践並びに主張がなされたのである。

　これによって，昭和10年の緑表紙が表されたといってもよい。

　一方中学校数学は，明治35年に中学校教授要目が公布され，これが明治44年に改正された。しかし，ここでは実質的に大きな変改はなかった。

　そして，前述の数学教育改良運動の影響をうけて，大正8年に「日本中等教育数学会」が誕生した。この会の研究などがきっかけとなって，昭和6年に教授要目が改正された。さらに，昭和15年に数学教育再構成研究会が構成され，数学教育の改良について研究がなされた。その結果文部省内にも委員会が設けられ，昭和17年に教授要目の改正がなされた。昭和18年に一種検定の教科書が作られた。ここまでは教科書は検定であったが，昭和19年に国定となり，国定教科書中等数学第一類，第二類が出されたのである。

　そして第二次世界大戦の終戦を迎え，戦中戦後の混乱した時代を通って，22年に指導要領案が作られた。それ以後学習指導要領の数回の改訂を経て今日に至っている。

§1　黒表紙の目標

　黒表紙の目標は，明治33年の小学校施行規則に，次のように示されている。

(1)「算術ハ日常ノ計算ニ習熟セシメ，生活上必須ナル知識ヲ与ヘ兼ネテ思考ヲ精確ナラシムルヲ以テ要旨トス」

　なお，これと同様な目的は，すでにこれ以前の「小学校教則大綱」（明治24年）に次のように示されている。

(2)「算術ハ日常ノ計算ニ習熟セシメ，兼ネテ思想ヲ精密ニシ，傍ラ生業上有益ナル知識ヲ与フルヲ要旨トス」

　そして，この目的に対して，藤沢利喜太郎は，次のように説明している。

(3)「初等数学科ノ教授法ハ精神的鍛練ヲ目的トスベキ事」「精神的鍛練ヲ外ニシテ，算術教授ノ一大目的アリ……日用計算ニ習熟セシメ，併セテ生業上有益ナル知識ヲ与フルニアリ」「日用計算ノ如キ実用知識ハ，一通リ教ヘタリトテ，満足スベカラザルニ於テヲヤ，サレバ，吾人ハ日用計算ヲ教ユルト言ハズシテ，日用計算ニ習熟セシムルトハ言フナリ」「生業上有益ナル知識ヲ与フル事，例ヘバ，度量衡制度ノ如キ，金銭受授ノ間ニ於ケル慣例条規中，普通目的ナルモノノ如キ，有価証券，各種会社ノ性質ノ概略ノ如キ，……」

　これでわかるように，この算術科の目的は，第一には形式陶冶である（これが中心である）。第二には日常生活に必要な計算に習熟させることである。これは後に述べるように，形式計算（筆算，暗算，そろばん）に習熟させることである。そして，第三には，度量衡や利回り，利息計算などに関する知識を得させることである。

　これは，黒表紙の教科書でも変わっていない。すなわち，上述の黒表紙の

教科書の目的は，次の三つからなっているといえる。
1　規則計算主義……「日常の計算に習熟せしめ」
2　実　用　主　義……「生活上必須なる知識を与える」
3　形式陶冶主義……「思考を精確ならしむる」

　規則計算主義のいうところは，形式計算の方法を教え，これを反復練習によって習熟させようということである。すなわち，暗算，筆算と珠算に習熟させようということである。

　実用主義のいうところは，日常生活に必須な知識を与えようということであるが，その知識とは，株の利回りとか貯金の利息の計算，売買での定価，売価，損失利益の計算など，いわゆる大人にとっての日常の計算である。準備教育としての日常の知識であって，子供の生活に必須な知識ではない。

　形式陶冶主義のいうところは，能力心理学の主張に基づいて，ある領域で訓練した能力，思考が他の領域にも転移する。その訓練領域としては，数学と古語が最適で，この二科目で訓練した能力・思考が他の領域，学問の学習に転移するという前提に立つものである。

　そして，そこでの訓練の対象は，数学そのものを教えればよいというものである。

　この点については，前章で，篠原助市の形式陶冶についての説を考察したが，これはこの中の第二の形式陶冶に当たるものである。したがって，これがいかに否定されていったかも明らかであろう。

　このようなことから，黒表紙教科書には，数学的な考え方といったものに当たることは考えていなかったとみられるのである。

§2 数理思想と数学的な考え方・態度

1 緑表紙教科書の数理思想

　昭和10（1935）年に**緑表紙**が編纂された。これは1901年からのペリー，ムーア，クラインらによる数学教育改良運動の主張，ソーンダイクらの心理学の発達による形式陶冶の否定，及び大正末から昭和の初めに教育界に大きな影響を与えた自由主義的教育思潮などの主張を十分に受けて作られたものである。

　自由主義的教育思潮による算術教育については，改めて取り上げるが，まず緑表紙の編纂の趣旨によって，緑表紙は数学的考え方に当たるものを考えていたかどうかをみていこう。

　緑表紙の編纂の主意は，教師用の凡例に次のように示されている。

　[4]「尋常小学算術は，児童の数理思想を開発し，日常生活を数理的に正しくするように指導することに主意を置いて編纂してある」。しかし，当時はなお明治33年に制定された小学校令施行規則が現存していた。したがって，算術の目的は前述の黒表紙のときの目的がそのまま生きていた。即ち，

　「算術ハ日常ノ計算ニ習熟セシメ，生活上必須ノ知識ヲ与ヘ，兼ネテ思考ヲ精確ナラシムルヲ以テ要旨トス」ということであった。

　この目的と，新教科書の事実上の目的である凡例のものとを比較してみると著しい相違がある。この点について，塩野直道は次のように述べている。

　[5]「この凡例と教則とを比較してみると，次の諸点に著しい相違がみられる。

　一　教則は，普通の算術中に理論なし，すなわち算術は数学でないという藤沢博士の思想に基づいているのに対して，凡例には，数理思想を養うという表現によって，小学校の算術にも数理があるという建前をとっている。

二 教則では，計算技術と，数量の知識とを授けるというのに対して，数理的な思想を養い，日常生活の数理的訓練をするということを狙っている。すなわち，知識技能を教え授けるかわりに精神の開発と生活指導をするという建前をとっている。

三 教則が一般的な思考陶冶を目的の一つとしているのに対して，凡例ではこれを認めず，数理的な考え方を陶冶する意味で数理思想の開発を期している。

四 教則では，『計算に習熟せしめ』『知識を授け』という表現で訓練・注入的な方法を暗示しているのに対して，凡例では，『開発する』『指導する』という表現で自発的な活動を助長する行き方を暗示している」。

このように，黒表紙の目標，指導法（教授法）と比べて極めて大きな変化であって，黒表紙と比べる限り，これは改善というより改革というにふさわしいものであった。

さらに塩野によると，「算術教育の精神的な方面の陶冶として，数理思想を考え，しかも，これが児童の内から芽を出し伸びていくことを期待して開発という表現を用いたのである。この数理思想ということばは，当時広く使われていたものではなく，『数理を愛し，数理を追及把握して喜びを感ずる心を基調とし，事象の中に数理を見出し，事象を数理的に考察し，数理的な行動をしようとする精神的態度』を表現することばとしての新造語のつもりであった（あとになって，このことばが用いられている数例を知った）。当時は，科学的精神の涵養ということがよくいわれたが，これは数学教育だけでなく，むしろ理科教育の狙いとすべきであると考え，数学教育に直接的なものとして数理思想を持ち出したのであった。なお函数観念の涵養ということも随分唱えられていたが，函数関係は事象間の数理的な関係であって，函数思想は数理思想の主要な面であることは明瞭なことと考えたのである」といっている。

ここで，「**数理思想**」は塩野の新造語のつもりであるといっている。しか

し，次項でみられるように，緑表紙の出現以前に生活算術を主張し，実践を積んできていた人々は，早くから，数理，数理思想，その啓培，一般化といったことを主張している。また「開発する」ということ，教授でなく，指導であるということについても，これらの人々及びこれらの人々より以前の自由主義教育思想の立場に立つ人々の主張してきたことであった。

したがって，新造語というのは当たらない。むしろ緑表紙のような新しい考えに立った教科書が出現したのは，突然の変化というより，これらの進歩的な人々の努力に基づいて，出現の地盤が十分に培われていた，むしろ自然な出現であったとみられるのである。数理思想の意味については明らかでないが，塩野自身が次のように述べていることから，数学的内容，数学的な事柄がすべて数理であると考えていたとみられる。すなわち，

[6]「数学者に言はせると，数理は極く抽象的なものであつて，抽象された数，その他純粋の数に関する理論である。……併し乍ら2足す5が7になるといふこと，矩形が其の対角線で全く等しい二つの三角形に分たれるといふこと，これは直ぐ子供に判る簡単なことであります。かういふ事柄は何であるかといふと，これは数理に外ならないのであります。即ち児童には児童ながらの数理があるのであります。小学校で取扱ふ整数，小数，分数，比例，その他幾何図形に関する事柄，代数方程式に関する事柄等々，これ悉く数理ならざるはない」と述べている。

また緑表紙教科書の編纂に参画した高木佐加枝も，

[7]「ここに言う『数理』とはいかなるものかを簡単に説明するに，
- 2＋3＝5であること
- 2＋3＝3＋2であること
- 長方形の面積を表わす数は，縦を表わす数と横を表わす数との積に等しいこと
- 円は直径によって2等分されること
- 回転体を軸に垂直な平面で切った切口は円であること，等々

これらの事項は，いずれも小学校算術教育で取扱われる数理に外ならない」と上述と同様なことを述べている。

しかし，数理的思想が数学的な考え方と同様なものとみられるなら，数理は，単なる個々の数学的知識や事柄ではなく，これらを一般化，統合した数学的原理，アイデアであり，数理思想は，これらの事柄，知識を一般化したり，統合したりして，より一般的，統合的原理を見出していこうとする態度，見出したアイデアを用いていこうとする態度といったものでなくてはならない。

(8)「数理とは，ものごとの中に『ことわり』を見出し，これを一般化し形成されるものであろう。小学校の場合には，生活現実をきっかけとして，それが生み出されてくるであろう」と考えるべきである。したがって，当時の数理思想とその涵養ということは，数学的な考え方とその指導と無関係ではないが，数学的な考え方とみるには，種々の事柄，知識をも含めていて，あまりにも曖昧で，洗練されていなかったと言える。数理思想の明確化が不十分であったため，その意味が明確でなかったと言えよう。

2 大正・昭和初期の進歩的数学教育者の考え

前項でふれたように，数理思想も関数観念の涵養も，緑表紙の編纂に当たって，初めて言われだしたことではない。すでに多くの進歩的数学教育者らによって，これらの重要性が叫ばれていたのである。そこで，これらの人々が数理思想，関数観念をどうみていたか，これが今日の数学的な考え方の先駆とみてよいかどうかということについて考察しよう。

まず，早くは，大正5年頃から，算術教育について新しい自由主義的教育主張が現れてきている。

これは，次の3つの影響によって現れてきたものとみられる。

(9)「1　ナトルプ，ケルシェンシュタイナー，ディルタイ，デューイ等による種々の教育思潮

2　ソーンダイク等によって代表される心理学

3　ペリー，ムーア，クライン等による数学教育改良運動」

初めはこの第一の影響によって，自動主義算術教育（河野清丸：日本女子大学附属豊明小学校主事，大正5年），生活教育論に立つ算術教育（佐藤武：成城小学校，大正8年），作問中心の算術教育（清水甚吾：奈良女高師附小，大正13年），労作主義算術教育（岩下吉衛：東京女高師附小，昭和7年），郷土主義算術教育（池松良雄：昭和6年，稲次静一：昭和6年，東京高師附小）等が主張され，実験された。そして，佐々木秀一が，

[10]「従来種々の主義主張を試み，今日に於ては，大勢所謂生活算術の思想に帰一するようになった」といっているように，これらが昭和6，7年頃から漸次「**生活算術**」のもとに統一せられてきた観がある。

そして，この生活算術において，数理，数理思想，函数観念を強調しているが，その意味するところは明確でなく，また多くは，算術的法則，原理のことを指し，さらには，数学的知識を含めているとみられるものが多い。

藤原安治郎（成蹊学園）は，[11]「②数理の会得は生活力の基礎であるという意味の基に，常に生活と数理の一元的関連に於て指導，③凡ての問題解決は，一方に於ては数理の会得を通して生活的に訓練し，生活を数量的に考察することに忠実な態度を養う」と主張している。

ここに「数理」という言葉が出てきているが，氏は，この数理とはどんなことかについてはふれていないが，数学的内容すべてを数理とみているのであろうと考えられる。そのように考えられる理由は，旧来の黒表紙的教育を「数理認識の算術教育」といっており，また，[12]「例えば『マッチ』をとりあげると，マッチ箱の形，一箱・一包の値段，一箱の本数等について，……その物の数量形に関するあらゆることを考察させる」，これを「数理的考察」といっていることからも推測される。

香取良範（成蹊学園）は，[13]「生活から数理へ，数理から生活への弁証法的発展を算術教育の本質とみる。即ち被教育者を助成して，生活事実の中に数

理を発見させ，発見した数理をより一般化し，一般化した数理を生活事実に適用させて，生活の拡充と数理の伸展とを図ることが算術教育の使命である」。そして新主義数学の影響によって，「日常の数理的事実を関係的に考察する力即ち函数的考察力これこそ私の考へている数理化作用の原動力なのであります」と函数概念を中核に考えようとしている。そして，数理ということについては，例えば，「何れの円にも通ずる円周率」これが一つの数理であって，これを子供らに発見させることが生活の数理化の一つで重要であるといっている。

そして，数理，数理思想といったものについての説明も特になく，殊更に数理を一般化させていこうとする問題も見当たらない。

しかし中野恭一（広島高師附小）は，数理の一般化ということと，**関数思想**の育成を強調している。

(14)「生活環境ニ起ル千万ノ事実ニ依ツテ子供ノ数理思想ヲ啓培スルノデアル。而シテ，次第ニ発達スルデアラウトコロノ子供ノ数理思想ヲ更ニ生活事実ノ上ニ活用セシメルノデアル。此ノ事ノ連続繰返ヘシニ依ツテ生活ノ数理化；数理ノ一般化，一般化サレタル数理ノ生活化ガ行ナハレ，カクテ将来起ルデアラウトコロノ生活ノ問題解決ノ基礎能力ヲ養成スルノガ小学校ノ算術教育デアル」「人生生活ノ上ノ諸事万般ノコレラ数量ト数量トノ関係ニ着眼シテ数理的ニ解決スルタメニハ，必ズソノ背後ニ函数思想ヲ必要トスルノデアル。故ニ小学校ニ於ケル算術教育ハ子供ノ頭ニ函数思想ヲ養成スルコトヲ其ノ中心目的トシテ居ルノデアル」

そして，東京高師附小の人々も，数理思想及び**数理思想の一般化**ということを強調している。例えば，稲次静一は次のようにいっている。

(15)「漸次数理に関する思想を一般化し，統一してその領域にまで機能的に進むことを望まねばならぬ。……生活上の実際問題をその場その場で解決するだけでは，算術が奥行が無くなり断片的のものとなり進展性をもたぬものとなる。……学校数学教育は子供自らをして数学せしめる。子供自身に自己の

経験を統制して自らの数学を建設せしめることを主張するのであるから，その基礎をやはり経験的事実と，実験的方法とに置いて帰納的に今日の形式数学の持つ科学としての価値認識にまで至らしめねばならぬと思ふ。

而も亦算術は斯様な高次の領域に進むことのみで終局の目的に達したものと見てはならぬのである。殊に小学校の算術教育においては，日常の極めて卑近な数量上の問題や事象，度々遭遇する実際上の所謂日常型の問題を最も正しく，最も速に最も経済的に解決する力が無くてはならない。

ここに一般化された数理思想が再び実際問題解決の為めに還元されてくる融通性と応用性を持たねばならぬことになるのである。只単に実際問題への融通性，適応性を発揮するに止まらず，一旦得たる定理が更に発展して，論理的に次の新定理や系をも見い出すべく生きて来べきものである。

斯くして一般化された数理思想は更に一般化の度を高め，これが漸次成長して行くところに深遠なる算術教育の領域を見出すのである」と，具体的事実から，数学的定理や法則を帰納的に抽象し，それだけでなく，その定理そのものを，より高度な，より包括的な定理に一般化していき，一般化し続けていくという，数学的な原理，アイデアといったものである。

それでは，具体的にどのようなものを数理と考え，数理思想としているかをみよう。理論としてはもっともであっても，その具体的姿がこれとは一致していないことがしばしばみられるからである。

稲次は次の例をあげている。

除法の意味は，初めは等分除，包含除の二義であるが，このままでは，5年での小数・分数でのわり算は意味づけられなくなる。そこで，改めて「或金高の0.5倍が25銭に相当する金高を求めること」と意味づける（これを相当除とよぶ）。そして，もちろんこれが**整数の場合にも成り立つ**ことを確かめさせる。さらに負の数まで数範囲を拡張すると，相当除法でも，除法は無意味になるので，規約として，乗法の逆と意味づける。このように漸次，より一般化された形において認めるに至ることが数理思想の一般化である。

また事実問題の解決でも，分数・小数等が新たに入ってきても，数の種類，大小関係に関係なく，単に，[16]「数関係のみに着眼して，同一の数関係にあるものならば同一の解決を適用し得るやうに思考過程，解法の一般化を計る」こと。さらに学年が進むと共に，事実からくる支配制限を脱して終に一般に正比例する二量の関係及び，その関係を表す一般式にまで達するようにする。[17]「かくすることによって，今まで個々単独の存在の如く見えた問題に共通な函数関係を発見する」というように数理思想を，子供なりに一般化していって，より高い統一的概念原理を求めていくものと考えているのである。また関数思想の養成は，数理化と同じ内容のものであるといっている。問題解決と関数関係の発見について肥後盛熊も同様なことを述べている。

次に数理の特殊化とは，例えば，1年分の定期券の代金から1日平均を求める問題と，1年の毎月の電燈料から1ヵ月平均を求めるのとは，何れも数理の一般性からいえば「平均」を求めるものであるが，目的からみると前者は厘，後者は銭単位まで求めればよい。このように，[18]「先づ問題の事実を究明し，問題の持つ独自の使命を考究し，その結果の処理にまで適切なる判断を下すことのできる常識を養ふこと」がその一例である。

また，「事実問題の除法計算で，子供は『どのくらいで四捨五入するのか』という質問をする。こうした質問をすることは誤りである。事象の特殊性に照らして自ら定められるようにすべきで，これを考えることによって，仮定の問題も生活化せられるのである。これが数理の特殊化である。

学校数学の社会化，生活化とはこの方面のことである」。
と述べている。

したがって，この**数理の特殊化**ということもまた，今日なお重要なことであると言えよう。しかも，いくつかの事実の特殊性を除くことによって一般化がなされるのであり，一般化された数理は，個々の問題に使われて特殊化されるのであるから，一般化と特殊化は矛盾するものでなく，むしろ契合するものである。[19]「而もその理法が十分にそしゃくされ消化されて，それがや

がて常識の内容となり，クラインの所謂模範的経路を辿るならば，それは一層洗練された而も程度の高い数学常識を得ることになり，更にこの常識の活用によつてより高次の一般化をなすことになる。

かくて両者相より相助けて一元的に算術教育の真使命を全うする」のである。

これらはいわば数学的内容そのものについての数理思想であるが，これとは別に数学的研究の方法についての一般的考え方，一般的方法といったものを三井善五郎があげているのでこれを簡単にみておく。これもまた事実問題解決において原理的なものとして重要なことであると考える。

[20]「此の問題は何うするか。如何なる算法に依るかを指導するのか。此の問題は如何にしたら，或は如何なる点に注意したら，その算法が見出されるか。その考へ方は何うするのがよいかを指導するのが適当であらうか。……私は寧ろ後者を採らんとする者である」と個々の問題の解き方よりも，一般的考え方といったものを養おうとしている。その考え方は何かというと，次のことをあげている。

「第一　問題を具体化すること
　① 問題中の数量の大きさを具体的に想像させること。
　② 問題中の事実関係を具体化すること。
　第二　数量の置換になれさせること
　　数の種類や大小をわかり易い数に直してみて，これによって関係を見出させる。
　第三　演算決定の方法を会得させる
　⑴ 特定的言語と演算との結合を作る。
　⑵ 『求めるものは何か』を考へ，『求めるものと条件との比較対照』をすること。
　第四　立式して吟味すること
　第五　四則のうち，どれでないかを見定めて，これを捨てていくことが時

に有効であること」

　これまでにみてきたように，少なくとも指導的立場にある現場の人々は，数理，数理思想の涵養，数理思想の一般化，特殊化及び，関数思想の函養ということを強調している。したがって，これらは緑表紙を編纂する時の新造語ではない。それのみか緑表紙のような，これまでの黒表紙とは全くその様相を異にした教科書が作られたということは，突然の大きな変化というよりも，むしろそれが生まれる土壌ができていたといってよいであろう。

　数理のとらえ方の程度は様々で，数学的法則，時には数学的知識そのものを数理と考えていたとみられるものから，稲次静一のように数理思想の一般化，特殊化ということを強調し，数学的パターン，数学的思考方法ととらえているもの，またさらに三井善五郎のように，「どの演算を使うか」ということだけではなく，どの演算を使うかをどのように考えたら見出せるかという「考え方」を強調するものまであり，今日の数学的な考え方に相当するものを数理思想としてとらえていたのではないかという主張がみられる。

　この点について，次に当時の数学教育界の指導者であった小倉金之助と佐藤良一郎の2人の考えをみることとする。

　これらの考えには，明らかに数学教育改良運動の影響がみられる。これは先に述べたように，ペリー，クライン，ムーアらの数学教育改良運動に対する主張に基づくものである。

　その中で，特にクラインは，関数概念，関数的思考を中心として，数学の諸分科を合することを主張している。

　メランの教育課程に関する話の中で，[21]「空間直感の能力を強化すること，および関数的思考の習慣を養成すること」を主張している。

　またここで，各学年の教科課程を示す中で，例えば，第4学年の中の代数的内容で，[22]「そこに現われる量の変化の関数的性質をつねに強調すること」，第5学年でも「式の中に含まれている変数の変化にともなう式の値の変化，簡単な一次関数のグラフ表示，および，それを方程式の解法に利用するこ

と」などを示している。

その教科課程の中で,[23]「……このようにして残った時間の大部分は,関数的思考の教育に使うべきである」「このような関数的思考の習慣は,幾何学においても,たえず変換を考察することによって,指導すべきである」と変換を強調している。作図でも「関数的思考の習慣に非常に有益な,いわゆる吟味には,とくに重きをおくべきである」などと関数概念を強調している。

これから述べる二氏の考えもこの影響を受けているのである。

小倉金之助：まず小倉金之助の当時の考えについてみてみよう。氏は次のように説いている。

[24]「こゝに二つ又は多くの事実があるとき,経験的事実を基礎として,それ等の間に因果の関係ありや否やを考へ,若し関係ありとせば如何なる関係ありや,その法則を発見せんとする精神,これが即ち科学的精神です」

「人生に於ける科学的精神,如何にして之を修養し之を開発すべきか。これ即ち生活上最も重大なる問題であると同時に,また教育上に於ける根本問題であらねばなりません」

「こゝに於て私は

　　　　数学教育の意義は科学的精神の養成にあり

と考へざるを得ないのであります。

こゝに科学的精神を養成するとは,所謂数学の形式,従来の数学の型にはめることを教へるといふ意味ではありません。科学的精神は思想の自由を流動しつゝ,延び行く所の生命あるものです。科学的精神は思想の自由を尊重し高調するものです。旧い型にはまった宗教,国家,道徳の形式を打破せんとした所に,近代の科学的精神が生まれたのです。私はクラインと共に

　　『科学教育とは科学的に考へさせる様に仕向けることであつて,決して
　　初めから堅固に科学的に装飾された系統に面接せしめることではない』

と叫ばざるを得ません。」

「斯やうに直感教育を施しつゝある間に,生徒は自ら彼自身の数学を抽象

致します。その傾向に注意を向けながら，近似よりだんだん正確へと進むことは，そんなに困難なことでは御座いません。勿論この方法に従へば，注入的方法による程数多の事実を教授することが出来ないことは当然であります。併しながら斯くの如きは，十分に徹底された科学的精神養成の為めには，甘んじてはらはねばならぬ犠牲であると信じます。

然らば何物をか目的として経験し，また何物に向つて漸々し行くべきでありませうか。換言すれば，数学教授内容の核心となるべきものは果して何物でありませうか。それは最も良く科学的因果の関係を明かにし，最も広く且つ最も深く人生と交渉を有するところの，科学的精神の中堅でなければなりません。それは疑もなく函数の概念でございます」

「私はただ函数の観念が数学教育に必要であると云ふ様な，微温的なことを言ふのではありません。函数の観念こそ数学教育の核心である。函数の観念を徹底せしめてこそ，数学教育は初めて有意義である，ことを主張するのです」

[25]「こゝに多くの現象あるとき，先づ感覚的主観を取り去つて客観的正確性を求め，次に経験的事実を基礎としてその原因を穿鑿し，それ等の現象の間に因果の関係ありや否やを求め，若し関係ありとせば如何様に関係ありや，その間の法則を発見せんとする努力，精神，これが即ち科学的精神である」

「有名なる動物学者ハックスレーは『科学は整頓された常識である』と云うたが，この常識を整頓するものこそ科学的精神であり，数学上そこに使用される根本思想こそ函数観念である」

[26]「一般に文化といふものは民族性を反映するもので，数学でも同様である。数学的な考へ方，或は数学上の評価，或は数学の傾向は，民族の如何に依つて非常に影響される。数学に於ける抽象的な考へ方，或は純論理的な考へ方，さういふものはユダヤ人やラテン民族の特徴である。之に反して具体的な直感的な考へ方，之がドイツ民族の特徴である」

このように小倉金之助は，**科学的精神**の養成が数学教育の目的であり，その達成の中核は，**関数観念**の徹底であると唱えている。

そして，科学的精神の養成は，単に科学的知識を教えることではもちろんない。「因果の関係にありや否やを考え，若しありとすれば，どんな関係があるか。その法則を発見せんとする精神である」といっている。同様に関数観念は，単なる関数的知識技能ではない，もっと広義に解釈するべきであると喝破している。

そして，「たとひ何等の計算を行はずとも関する量の間に成立つ関係の性質を明らかにすることが」肝要で，関数とかグラフとかいわなければ，関数観念が行われないと考えるのは，近視眼者流だといっている。

これはまさに，数学的な考え方であり，関数的な考えである。

そして，さらに最後に引用したように，そこには「数学的な考え方」という語さえみられるのである。

佐藤良一郎：次に佐藤良一郎の考えをみてみよう。

氏は，**数学的に考察**するということと，**数学化**するということについて次のように述べている。

[27]「数学的ニ考察スルトイフコトニ二ツノ意味ヲ附与スルコトガ出来ルヤウデアル。ソノ考察ノ基礎トナルベキ根本ヲ明確ニ定メ，厳密ニ検討吟味シテ，考察ノ諸結果ヲ，ソノ根本的基礎カラノ論理的帰結トシテ理解シ，思想ニ一貫シタ論理的系統ヲ与ヘルヤウニ考察スルノガ，数学的ニ考察スルトイフコトノ意味ダト解スルノデアル。換言スレバ自然現象ナリ社会事象ナリヲ，アタカモ吾々ガ幾何学ノ諸命題ヲ考察スルト同ジ態度デ考察スルノガソレデアルトスルノデ，人ガヨク自然科学ノ数学化トカ，経済学ノ数学化トイフコトヲイフガ，ソノコトノ中ニハ多分ニ上述ノ意味ガ含マレテキル。尤モ自然科学ニシテモ経済学ニシテモ，マダ現実ニハ十分数学化サレナイデキテ，独リ物理学ダケガ，余程ノトコロマデ上述ノ意味ニ於テ数学化サレテキルニ過ギナイ。

然シスベテノ科学ガ上述ノ意味ニ於テ数学化サレタナラバ，議論ハ簡単ニナツテ口角泡ヲ飛バスコトモ少ク，印刷職工ノ労ヲ省クコトモ鯵クナイト思ハレル」

[28]「今一ツノ意味ハ，自然現象ナリ社会事象ナリヲ，或ハ数量的方面カラ或ハ空間的方面カラ眺メルトイフコトデアル。換言スレバ，自然ナリ社会ナリヲ数量的形式ニ於テ認識スルコトデアル。更ニ他ノ述ベ方ヲ以テスレバ，自然ナリ社会ナリヲ数量化シ又ハ図形化シテ考察スルコトデアルトイヘル。

シカシコノ最後ノ意味ニ解スルトシテモ亦ソコニ二ツノ解釈ノ仕方ガアルヤウニ思ハレル。或人ハ自然ナリ社会ナリヲ数量的形式ニ於テ或ハ空間的形式ニ於テ認識スルトイフコトヲ次ノヤウニ解シテキルヤウニ見エル。即チ自己ノ眼ニ触レ耳ニ聞エル限リノモノニツイテ，苟モ図形化出来ルモノハスベテ図形化スルコトヲ以テ，自然或ハ社会ヲ数量的形式，空間的形式ニ於テ考察スルコトデアルト解シテキル。

カヤウニ解釈スル人ノ物ノ見方ハ，コレヲ少シク極端デハアリ又仮想的デハアルガ，例ヲ以テイヘバ，例ヘバ楠公ノ銅像一ツヲ見ルノニ，目方何貫，銅ト他金属トノ混合ノ割合幾何，頭ノ頂カラ地面マデ幾米，台石ノ幅幾米，長サ幾米，楠公ノ視線ハ北何度西ニ向ツテキル。銅像ノ位置ハ東経何度，日比谷ノ交差点カラ何ノ方角，幾何ノ距離ニアル。馬ノ鼻ノ先ト兜ノ先及ビ尾ノ先ガ如何ナル三角形ヲナシテキルト見ルコトヲ以テ，事物ヲ数量的形式，空間的形式ニ於テ考察スルコトト心得ルノデアル。上ノ考ヘハ，少クトモ余ノ知ル限リニ於ハ，一時初等教育界ニ於テ優勢デアツタ」。[29]「数量的形式，空間的形式ニ於テ，自然或ハ社会ヲ考察スルトイフコトニ与ヘルコトノ出来ル今一ツノ意味ハ，自然或ハ社会ヲ数量的関係，空間的関係ニ於テ考察スルトイフコトデアル。余ノ観ルトコロヲ以テスレバ，初等数学教育ニ於テ唯一ノソシテ竟究ノ目標トスベキ点ハ，最後ノ意味ニ於ケル数学的考察ノ出来ルヤウナ風ニ児童ヲ，将又生徒ヲ誘掖指導スルニアルト見ルベキデアル。

関数関係ノ探求トイフコトハ，科学的探求ノ核心ヲナシテキルトイツテ差

支ナイ。サテ翻ツテ吾々ノ初等数学教育ヲ見ル。吾々ノ教育ニ於テハ何拠ニ力ヲ入レテヤッテキルカ。計算スルコト，隠サレテキル答数ヲ見出スコトコノ二ツノ問題ニ殆ンド跼蹐シテキルトイッテ差支ナイ」。

　このように，自然的事象，社会的事象を数理的にとらえること，関数的にとらえ考察することが，初等教育の究極の目標であるというのである。これが数学化することであり，そこには，**数量化**，**図形化**などが行われ，**関数観念**が中核的はたらきをすると主張している。そして関数的な考えがいかに大切か，いかに用いられるべきかを具体例をあげて説明している。

　これら二氏の考えでは，数学的な考え方の育成，特に関数の考えの育成を核心において考えている。

　このことは，今日でもその価値を失わない貴重な主張である。

　当時すでにこれだけのことがいわれていたのであるから，今日これに加えて新たに何を研究し，改善していくべきかを十分に考えていかなくてはならないであろう。

　その一つには，この考えを具体化し普及徹底させるということがある。

　これら二氏の主張は，未だ科学的精神，数学的な考え方についての特徴のおさえが大まかであるといえよう。関数的な考えについては，相当具体的に示してはいるが，それでもなお未だその特徴のおさえが大まかであるということがいえよう。

　この数学的な考え方の内容をより詳しく分析し，これらを現す具体例を豊富にしていくことに努める。そしてさらに，その具体的指導事例，指導の進め方及びその評価のしかたを明らかにしていくこと（これらが当時ほとんどなされなかったことである）が，現在の研究の方向であるといえよう。

3　理数科算数・数学の数理思想

　昭和6年の満州事変以後，わが国の教育は戦争の影響を受けるようになったが，昭和12年の日華事変を契機として，さらに著しく変化し，教育は「戦時下」

という考え方が強く示されるようになった。そしてこれに向かっての教育改革がなされ，昭和16年に，小学校が皇国民の錬成という目標から国民学校と改められた。この国民学校は，初等科6年，高等科2年である。そして教科の編成については，これまでにみられなかった大きな改革がなされた。すなわち，その教科は，国民科，理数科，体練科，芸能科，実業科となり，従来の学科は，これらの教科に総合されることになった。算術は算数と改められ，理科と共に，理数科に総合された。

　教育目的は，国家主義的色彩が濃厚に加味された。すなわち，国民学校の目的は，国民学校令第一条の「国民学校ハ皇国ノ道ニ則リテ初等普通教育ヲ施シ国民ノ基礎的錬成ヲ為スヲ目的トス」ということであった。

　[30]「すなわち国民学校では，『教育の全般にわたって皇国の道を修錬』させることを目ざしたのである。なお，『初等普通教育』とは国民学校の内容を示し，『基礎的錬成』とは，教育の方法を示したものであるとした。このような国家主義的目的から，前述のように教育の内容が再編成されたのである。この実施に当って，最も緊急を要するのは，新教科書の編集であった。それもこれまでのように，毎年1学年ずつ順次編集，発行するといった悠長なことは許されず，算数については，昭和16年に先ず初等科第1，2学年用の児童書『カズノホン』が作られた。次年度から第3学年以上の教科書『初等科算数』が発行されていった」。

　この『カズノホン』『初等科算数』の教師用では，その「総説」で「Ⅰ，理数科指導の精神」「Ⅱ，理数科算数指導の精神」「Ⅲ，カズノホン（初等科算数）指導の精神」について述べている。この総説によって，理数科の目的，算数科の目的，算数科指導の基本的考えをみてみよう。

　理数科の目的は，前述の国民学校の目的をうけて，[31]「国民ノ随フベキ道ノ理知的ナ方面ノ修練」であり，「理数科ハ通常ノ事物現象ヲ正確ニ考察シ処理スル，能ヲ得シメ之ヲ生活上ノ実践ニ導キ合理創造ノ精神ヲ涵養シ国運ノ発展ニ貢献スル，素地ヲ培フヲ以テ要旨トス」るものである。これを受けて，

理数科算数の目的は，国民学校令施行規則第八条に「理数科算数ハ数・量・形ニ関シ国民生活ニ須要ナル普通ノ知識技能ヲ得シメ数理的処理ニ習熟セシメ数理思想ヲ涵養スルモノトス」とある。

ここでも緑表紙と同様，数理的処理の習熟，数理思想の涵養を目的としている。この**数理**，数理思想をどのようにとらえているかをさらにみてみよう。

この点について，まず，[32]「これは，勿論，理数科に於ける合理創造の精神の一つの相である」と位置づけている。この**合理創造の精神**については，「ものごとの『すぢみち』・『ことわり』を見い出し，これを弁へ，これに循ひ，更に新なるものを創造せんとする心」であると説き，そして，算数では，「『ものごと』の中，特に，数量的に，又空間的にはたらきかけるに適したものが中心となるのである。要するに，数理思想は『自然界並びに国民生活に於ける事物現象を数理的に捉へ，これに循ひ，更に生活を数理的に発展せしめ，新なるものを創造せんとする精神』である。随ってその根本には，数理的な直覚を基として現実に直接する心，数理的なものを愛好する心がなくてはならない。同時に，論理的に正しく，明らかに考察し処理する精神的態度であり，又，理性の発展と，それに基づいて新なものを創造せんとする精神態度である」。

ここでは，数理思想は合理創造の精神の一つであると位置づけ，数理的にとらえ，これに循い，さらに生活を数理的に発展させ，創造せんとする心，精神といっている。したがって，単なる個々の知識，技能を得させることとは考えていない。数理を見出し，数理的に創造発展させようとする考え，態度を考えているとみられる。

ことわりを見出し，これに循い，創造せんとする精神態度など，今日の数学的な考え方ともとれる点を指摘している。

ただこの場合にも，数理とはどんなものをいうのかが明らかでない。具体的な特徴，具体例があまり明らかにされていないのである。

中学校数学も，算術教育の改革に応じて，改訂への気運が出てきた。

緑表紙教科書が完了した昭和15年，広島文理科大学で開かれた日本中等教育数学会第22回総会において，数学教育の改正が取り上げられた。[33]「既成の学問体系にとらわれない，教育としての独自の形態及び原理，微積分など高等な概念の導入，画法幾何の指導案など熱心な討論が起り，ようやく中等教育においても，改革の気運が盛り上ってきた」。そして，総会後に「志を同じくする者が東部，中部，西部と集まって，数学教育再構成について協議が継続」された。「そしてその成果は，翌年の東京の総会において報告協議された。それは，次のような項目についてであった。

(1) 数学教育の根本問題についての討議，目的論，材料論，方法論
(2) 新要目の作成

これらの結果は文部省に建議された。この数学教育再構成運動の一つの特徴は，庶民教育としての算術教育と専門教育としての数学教育とを一貫して考える，というところにあった。そのためには，専門教科として存在している数学の形態を解体して，以上のような観点からみた初等数学教育と関連させ一貫するよう構成しようとした。これと共に，文部省でも要目の改正が考えられるようになった。昭和16年のはじめから改正の仕事が始められ，17年3月に改正要目が公表された」。

この改正は，数学，理科という別々の科目としての改正であったが，すでに理数科という教科の設定が目にみえていたことであったから，まず中等学校としての理数科を構想して改正されたのである。すなわち，中等学校は，[34]「国民学校ノ基礎ノ上ニ完成教育トシテ皇国ノ道ヲ修メシメ国家有為ノ人物ヲ錬成スルヲ以テ目的トスル」こととし，理数科数学教授の要旨は，[35]「理数科は事物現象を正確に考察処理する能力を錬磨し事物現象を貫く理法と其の応用と一般を会得せしめ之を国民生活に活用するの修練を為さしめ合理創造の精神を長養し国運発展の実を挙ぐる資質を啓培するを以て要旨とす。

理数科数学は数・量・空間を中心として事物現象を考察処理する能力を錬

磨し数理と其の応用の一般とを会得せしめ之を国民生活に活用するの修練を為さしめ数理思想を涵養するものとす。

理数科数学は，数・量・空間の基本的性質と其の重要なる理法並に国防・産業及国民生活への応用を授くべし」。

これでわかるように，数学科の応用は，国民学校の算数科の目的と大体同じでこれを発展させるものであったとみられる。すなわち，知識技能の習得だけを目的とせず，数理とその応用との会得と数理思想の涵養を期していた。しかし，数理，数理思想とは何かが明らかにされてないので，数学的な考え方といってよいかは明らかでない。特に引用の最後の部分にみられるように，数学的な基本的な性質，重要な原理といった基礎的基本的概念，原理の理解のことともとれるのである。

このように「原理の理解」と考えるのが妥当であると考えることは，次の和田義信の意見からもうかがわれる。

[36]「終戦後，数理あるいは数理思想といわれてきたものがややもすると形式的に流れやすいと考え，また，他方，他教科との関係からも理解という言葉を用いることとした。理解の対象となるものは，言うまでもなく原理法則である。いいかえれば，正しい意味の数理こそ，理解の対象となるものなのである」

§3 昭和20年代の算数・数学教育の目標と数学的な考え方・態度

このあと戦争に突入し，続いて敗戦ということで，落ち着いた教育がなされなかった。

昭和22年に戦後初めて**学習指導要領**が出され，昭和23年に指導要領が改訂され，**算数・数学科学習指導要領，改訂算数・数学科指導内容一覧表**が出された。しかし，ここでは数理思想についても数学的な考え方についても，態

度についてもふれていない。

　昭和26年に改訂された**学習指導要領**の目標についてみると、ここにも考え方についてのことは示されていない。

　しかし、詳細にみると、これに近いものがみられる。それは、関心、態度に関することである。

　算数科の一般目標に、

[37]「(1)　……算数を用いて、めいめいの思考や行為を改善し続けてやまない傾向を伸ばす

　　(a)　……その資料を利用する能力や傾向を伸ばす。
　　(b)　……問題をとらえる能力や傾向を伸ばすと共に、……
　　(c)　……数量関係を生かして用いる能力や傾向を伸ばす。
　　(d)　……用語や記号を用いて、正しく考えたり、まちがいなく他人に伝えたりする能力や傾向を伸ばす。
　　(e)　……正確な計器を正しく用いる能力や傾向を伸ばす。
　　(f)　……算数を生活の向上に生かして用いる能力や傾向を伸ばす。
　(2)　……数量関係をいっそう手ぎわよく処理しようとして、くふうする傾向を伸ばす……
　　(h)　……数量関係を、いっそう手ぎわよく考察処理しようとして、くふうし続ける傾向を伸ばす」

というように、種々の「傾向を伸ばす」ということを目標にあげている。これは、これこれのことをしようとする態度ともいいかえられよう。

　したがって、これらは、後に述べる数学的な考え方の背景となる数学的な態度に相当するものとみられる。

　そして、この態度、関心について、次のようなことも示している。

　これらは何れも、数学的な考え方の背景としての数学的な態度の萌芽がここにあるといってよいだろう。

[38]「(a)　物事を自主的に学ぼうとする意欲と、正しい態度を養うのに役立

つ」

「(b) 物事を正確に処理せずにはいられない，鋭い道徳的感情を養うのに役立つ」

態度を伸ばすことについては，中学校・高等学校数学科の一般目標においても同様に示されている。すなわち，

[39]「1　……真理を愛しこれを求めていく態度を養う

　　2　……正義に基づいて自分の行為を律していく態度を養う

　　3　……これ（数学）を勤労に生かしていく態度を養う

　　4　……数学を用いて自主的に考えたり行ったりする態度を養う

　　8　……これ（行為を正確，能率的にすること）を日常生活に生かしていく習慣を……

　　9　……数学を生かして社会に貢献していく習慣……

　　10　……いろいろな職業の分野で，数学を生かして用いていく習慣と能力を養う」

これらの態度，習慣を目標に示したことは，今日でも注目しなくてはならない点であると考える。これらの態度，傾向，習慣が背景となって，論理的な考え方，統合的・発展的な考え方，数理化しようとする考え方，関数的な考えなどの数学的な考え方が現れ，用いられていくということになろう。

この意味で数学的な態度と数学的な考え方の兆しがここに認められているといってよいであろう。しかしどのような考え方が指導されるかは，まだ具体的には示されていないのである。

§4　昭和30年以降の算数・数学教育の目標と数学的な考え方・態度

昭和31年になると，高等学校の学習指導要領が改訂された。この数学科の目標には，「数学的な考え方」という語が出てくる。

[40]「(5)数学的な物の見方，考え方の意義を知るとともに，これらに基づいてものごとを的確に処理する能力と態度とを身につける」ということが，目標としてあげられ，さらに，数学的なアイデアを示したとみられる「**中心概念**」なるものが，数学Ⅰ，Ⅱ，Ⅲの各々についてあげられている。

そこには，例えば，[41]「数学的な概念を記号によって簡潔明確に表現したり，個別的にわかった数量的な関係を文字を使って一般的な形で表わしたりする数学的な記号の用い方についての考え方」「式の形という見方」「概念を拡張したり，法則を拡張したりしていく考え方」「演えき的に……知識に体系づけ，まとめていく考え方」「対応関係ないしは依存関係を見ること」「式の変形において式の値が不変であることに着目したりする」「必要条件十分条件という見方や，命題の同値関係を明らかにする考え方」「図形を方程式に表わすという考え方」など，演繹的な考え方，記号化，式についての考え，拡張的な考え方，関数の考えなどがあげられている。これは極めて優れたものであったと言えよう。ただこの学習指導要領は間もなく改訂されたためもあって，この考え方や中心概念は，現場ではあまり話題にならず，研究もされなかったようである。

例えば，日本数学教育会の研究部が主催して「高等学校数学科新教育課程の実施について」という座談会を昭和31年3月22日に行っている。その座談会でも，「数学的な見方，考え方」は話題に取り上げられていない。「中心概念」は取り上げられているが，それについて述べられた意見は大要次のようなものであった。

[42]「中心概念について

平田 ……中心概念の取り扱いについて，どういうふうにお考えになっていられるか。

内海 私も実は高等学校の附属ができていますけれどもまだできたばかりで，特に話し合ったことはないんです。中心概念というのは直接には授業の対象というものか，いわゆる教材でなくてその存在の背後に教師のもっ

ていなくてはならないものだと思うんですが。

井上　いろいろな立場からの考え方もあり，私の個人的なことを申しますと，やはり今内海先生がおっしゃった通り，これは一つの指導の対象として教材に出てくるわけではないであろうが，こういうことを意識して指導することが必要だと思います。例えば，法則などを拡張して一般化していくということを意識してやる。これが数学の一つの大きな考え方であり，また特徴である。数を拡張するような場合にこのことを意識するかしないかでは大分違ってくるのではないか。しかし，まだ十分研究していません。

野田　……物の考え方というものは代数でも幾何でも同じものなのですね。そういうことと関連しながら生徒を指導していくことが大切ではないでしょうか。この中心概念というものでも，代数は代数，幾何は幾何でなく両方融合して代数で習ったことを幾何でやるとか，幾何で習った論法を代数に使うとか，そういうふうに別個のものでない一貫した何ものかを結果として使用していく。

平田　今から25，6年前になりますか，融合教科書というものが出ましたね。あれは失敗であった。今度はこの中心概念によって，代数的な知識というものと幾何的知識というものが融合されて一つの数学になるというふうに，この中心概念をはたらかせていこうと，こういう考えですね。

平田　ある学者からこんな話を聞いたことがあります。それは『新指導内容を見て感じたことだが，中心概念さえ示しておけば，代数的内容，幾何的内容という欄は必要なかったのではないか。中心概念に示されているこの項目をやるには，こんな材料をもってくればよいとか，このような内容が適当であるということは，教授者が考えるなり，教科書を編集する時に考えてゆけばよいので，これさえあれば数学の教育はできるものだ』ということでした」

この座談会の意見では，

(1) 中心概念は，教師が心得ているもので，指導の対象にはしないでよ

い。
(2) 数学Ⅰ，Ⅱ，Ⅲとしたことからも，代数と幾何を融合して扱う。そのための観点である。
(3) 最低限指導したい内容を示している。
(4) 中心概念の指導が中心で，そのためにどんな内容をとりあげればよいかを考えればよい。

といったことである。この(4)は，中心概念を数学的な考え方のようにとらえているともみられる意見であるが，(1)，(2)，(3)は数学的な考え方とは共通性をもっているとはみられない。受け取るほうは，中心概念自身は数学的な考え方といってよいものを示しているとは，とらえることができなかったとみられる。

さらにこれ以後も，中心概念も数学的な考え方も，教育の現場ではほとんど考えられていなかった。

例えば，日本数学教育会の機関誌『数学教育』『算数教育』にも，その年会の研究発表にも，これらを対象とした論文や発表のテーマがみられない。[43]

また，執筆者に当時の算数・数学教育の権威を網羅したとみられる吉野書房の『数学教育講座全5巻』[44]にも，これに関する論文はみられない。

その後昭和33年に小学校，中学校の学習指導要領が改訂されたが，この時は算数・数学科の目標には，[45]「より進んだ数学的な考え方や処理の仕方を生み出す」「数学的な考え方や処理の仕方を，進んで日常生活に生かす態度を伸ばす」と，**数学的な考え方**の育成を目標として明示している。さらに42，43年の小，中学校の目標では，[46]「(日常の) 事象を数理的にとらえ，論理的に（筋道を立てて）考え，統合的・発展的に考察し処理する能力や態度を育成する（育てる）」〔( ) は小学校〕と，いわゆる総括的目標で，数学的な考え方の主要な面の育成を中心のねらいとして示している。

この33年，42年の目標には，「数学的な考え方」という語以外には，数学的な考え方は示されていないのであろうか。この点について少し考察してお

くことが，数学的な考え方の特徴をとらえていく上に必要な過程である。
　43年の目標についてみると，まず，
　⁽⁴⁷⁾「(2)数量や図形にかんする基礎的な知識の習得と基礎的な技能の習熟を図り，それらを的確かつ能率的に活用する能力を伸ばす（能率よく用いられるようにする）」とある。
　この目標の後半が重要である。ただ知識・技能を身につけるというだけでなく，これを問題場面に応じて，的確に，能率的に用いていこうとすることは，数学の指導で養いたいものの見方，考え方である。すなわち，数学的な考え方に深い関係のあるものといってよい。そしてそのような見方ができるうえにさらに，知識技能をそのように用いることのできる能力をもたせることが必要である。すなわち，この後半の目標は，数学的な考え方を支える数学的な態度であるということができよう。同様に，目標の第3の後半「それら（数学的な用語や記号）を用いて，簡潔・明確に表わしたりすることができるようにする。（中学校の目標では「それらによって，数量や図形などについての性質や関係を簡潔，明確に表現し，思考を進める能力と態度を養う」となっている）」
　この簡潔，明確に表したり，考えたりしようとする態度は，用語や記号を適切に用いていく力の支えとなる大切な態度であり，この態度をもつことによって，記号や用語のよさを生かしていこうとする記号化などの考え方がでてくるのである。このように，この目標の部分も数学的な態度の育成をねらっているといってよい。
　そしてこのようにみてくると，目標の(4)の「適切な見通しをもって」考えようとすること，「筋道立てて考え」ようとすること，「目的に応じて結果を検討処理する態度」も数学的な態度をいっているのだと考えられる。このように，考え方に関係した具体的な態度を(2)，(3)，(4)などの後半が示しているのだとみるのが妥当である。
　昭和52，53年の学習指導要領の目標から「数学的な考え方」という語が消

えているが，すでに述べたように，数学的な考え方を育てることが，算数・数学科の目標であることには変わりがないということが言われている。

この「数学的な考え方」が目標の表面から消えたことについての批判も多くみられた。

例えば，文部省教科調査官として，昭和33年，42年の学習指導要領の作成にたずさわった中島健三は，次のように，「数学的な考え方」「統合的発展的な考え方」が目標から消えたことは，大変良くないことであると，きつく批判している。

[48]「この目標をご覧になると，現行の目標とはかなり表現上の違いがみられます。この後半の部分は現行の総括目標とほとんど同じ文章になりますけれども，大事なことは『統合的，発展的に考察し』という表現が抜けているということです。私はこれは非常に重要なポイントの一つではないかと思います。

もう一つの問題は，現行のものは，1から4までの具体目標というのがあって，そこの第一に，基礎的な概念，原理を理解させて，より進んだ『数学的な考え方』を生み出すというのがある。とにかく，簡単にいうと，1.数学的な考え方，2.知識，技能の習熟と的確な活用，3.用語，記号の意義とそれによる簡潔，明確な表現と思考，4.数量的な見通しを立てることの必要と目的に合った結果の検討となっている。

こういう具体目標が全部なくなったということで，これも非常に重要なことだと思います。それで，まず困るのは『数学的な考え方』という言葉が目標の上からなくなったということがあげられます。もう一つの問題は，『統合的，発展的』という言葉もなくなったことと相まって，さらに，『簡潔』，『明確』という言葉もなくなったことです。これらは，いずれも，算数的な創造を生みだす契機になるような重要な観点で，それが全部落ちてしまったということです。

そうしておいて，『知識，技能を身につけ』というのがいちばん初めにき

てしまった。ですから，これを普通に読みますと，分数なら分数の計算を初めに教えておいて，それから後で応用問題をやりなさいという印象を与えかねない。そういう感じで読み取る場合も多いのではないかと思います」

川口廷も，この語を目標から削除したことは，詰込み教育を助長することになりかねない，児童の学習を受身的なものにしてしまうと批判している。すなわち，

[49]「一見大切な項目が要領よく拾いあげられているように見えるが，つぎのような児童の積極的，前進的な活動を鼓舞する目標がいっさい削除されていることに気づく。

『統合的，発展的に考察する』『より進んだ数学的な考え方や処理のしかたを生み出す』『数量的な観点から，適切な見通しをもつ』『目的に照らして結果を検討する』

このような児童の生き生きした活動を鼓舞するような上記の項目を削除した理由についてはよくわからないが，一つの推定としては現行の目標は高すぎて，そのために算数科をいっそうむずかしいものにしているとの判断があるためかと思われる。もし，この推定が当たっているとすると，そのような判断は，算数科の性格や価値を正しく理解していないといわざるを得ない。算数科では，程度としては，やさしい内容をもちいるが，しかし，問題場面の構成に工夫を加え，教師の適切な示唆によって，上述したような児童の自主的，積極的な活動が鼓舞されるのである。そのような学習活動の展開の中に，児童の人間形成としての重要な機会がある。もし，このような目標を軽視すると，児童の学習は受身的となり，いわゆる詰込み教育を助長することになりかねない」

このように，言葉として目標から消えた「数学的な考え方」は，昭和52,53年の指導要領では，算数・数学科の目標として，考えていないのかというと，この語は用いていないが，「数学的な考えの育成」が目標であることには変わりないということを指導書に述べている。

この意味からいっても,52年の学習指導要領が目標を簡単にしすぎてしまったことは,数学的な考え方という語を表面から消してしまったという程度のこと以上に問題を残したということになる。

　昭和40年頃から数学的な考え方についての研究が漸次盛んになってきた。
　例えば,昭和38年頃までに発行された算数・数学教育に関する書物には「**数学的な考え方**」という語がほとんど現れていないし,数学的な考え方について論じてもいない。[50]しかし40年頃から,「数学的な考え方とは何か」「数学的な考え方は指導の対象になるか」「数学的な考え方を伸ばす指導はどうしたらよいか」といったことが話題になり,研究が進められてきた。ところが,50年頃から,これに対する注目のしかたが下火になってきたとみられる。
　この点については,[51]**日本数学教育学会**の毎年8月に開かれる研究大会の研究発表をみても,その推移がわかる。
　まず昭和40年までは,発表題目に「考え方」「考え」という語はほとんどみられない。また発表内容も小学校部会で,昭和38年には一つ,39年に二つ数学的な考え方に関する発表がでてきているだけであった。それが昭和40年から急に増えてきた。この頃から,現代化への関心が高められ,特に「集合の考え」が非常に注目されてきたのである。したがって,この年には,テーマに「集合の考え」をあげているものが小学校部会だけで9件もあり,「関数的見方考え方」が1件,「数学的な考え方」が2件あった。しかし,中学校部会には未だほとんどなかった。
　次の年,41年になると「現代化」が3件,「集合の考え」が6件,「関数の考え」が2件,「数学的な考え方」が4件と増え,中学校部会でも,「関数の考え」8件,「集合の考え」が2件となった。そして,学習指導要領の改訂が発表された次の年昭和43年には,小学校部会では,集合の考えそのものの発表が25に,関数の考えが36にも増えた。そして集合分科会,関数の考えの分科会がそれぞれ3つずつ設けられた。他の分科会にも集合や関数の考えの

発表をしているものがある。また，数学的な考え方，創造的思考に関するテーマも10以上あった。中学校部会でも，集合や関数の分科会ができ，創造的思考に関する分科会も2つできた。このような状態が51年頃まで続く，51年でもまだ集合の考え，関数の考え，数学的な考え方の各分科会があった。

その後，改訂学習指導要領が発表されてから，集合の分科会がなくなり，集合の考えをテーマに取り上げているものがほとんどなくなった。しかし，数学的な考え方については，55，56年にも分科会があり，44年頃よりは減ったが，まだその研究は続けられているとみられる。

この傾向は，日本数学教育学会の学会誌『算数教育』『数学教育』においても同様にみられる。

また40年代には，数学的な考え方，筋道を立てた考え方，論理的な考え方，統合的・発展的な考え方，集合の考え，関数的考えなど，数学的な考え方をテーマにした研究を行った個人，学校も非常に多かった。

例えば，学校単位での研究でも，テーマとして，集合の考え，統合的・発展的な考え方，筋道を立てた考え方，式表示の考え，数学的な考え方を取り上げていた。数学的な考え方を特集テーマに取り上げた雑誌，書物も数多く出されていた。これらについては，次章で先行研究としてみていくこととする。

第Ⅲ章

数学的な考え方についての先行研究

　数学的な考え方とその指導については，1965年以降多くの研究がみられる。また，態度については1950年頃に研究がみられる。本章ではこれらの研究を特に考え方，態度の特徴としていかなることをあげているかということに焦点をあてて考察する。これによって本研究が取り上げる数学的な考え方，態度の特徴及びその取り上げ方についての方向を明らかにしていきたい。なお，学習指導要領の目標にみられる数学的な考え方，態度については，前章で考察したので，ここでは改めては取り上げない。

§1　数学的な考え方についての先行研究

　数学的な考え方についての先行研究は非常に数多くある。そこでこれらを次のように分類して，考察をすることとする。
1　数学的な考え方について一般的考察をしている先行研究
2　数学的な考え方の若干の内容を示している先行研究
3　問題解決のストラテジーの先行研究
4　数学的な考え方を構造的にとらえようとしている先行研究

1 数学的な考え方について一般的考察をしている先行研究

　考え方の具体的な内容とそれらの関係を明らかにしなくてはならないので,「どんな特徴をどのようにあげているか」を考察していきたい。この点で, この項は, このねらいに直接役立つというものではないが, 数学的な考え方とその指導の基礎として重要な点が多いものであるので, まずこの分類項目を設定した。

　もちろん2以下の項で紹介する論文でも, 一般的考察はしているのであるが, 2以下ではもっぱら具体的内容についてとらえていくこととする。

　この項に相当するものとしては, 戸田清, 赤攝也の論がある。この二つは,『教育研究』(昭和41年5月号)の特集「数学的な考え方とその指導」にのせられたものである。(この誌では11名の数学者, 数学教育者の「数学的な考え方とはなにか」についての意見がのせられている。このいくつかについて2以下でも考察していくので, この誌を『教育研究』ということにする)

　当時は数学教育の現代化の波が大きく押し寄せ, これに伴って数学的な考え方についても大きい関心が寄せられ, 数学教育の専門家, 現場の先生方の間において, 模索が続けられ, 理論的, 実践的研究が始められてきたのである。

(1) 戸田清の意見

　[1]「思考の本質は,(ことあげ)を超えた因子をはらむとしても, その(ことの端)を言葉を通して取り出すのだと割りきり, 凡庸なる教師の指導もその核心に肉迫し得るよすがとすることがのぞまれるのである。かくして, 思考の指導を芸の領域から学問, 技術の領域に取り出して,『思考のモデル』の姿を浮き彫りにしたい──教育としては, そうしなくてはならないと考えるのである」と。考え方とは, これこれこういうものである, これが身についたとはこれこれのことができるようになった時であると言葉では表現できない因子をもつものであるが, それでは教育の対象にはできないし, 多くの教師が, 数学科の目標として, これを目指した指導をすることができな

第Ⅲ章 数学的な考え方についての先行研究　71

い。そこで，これを指導の対象とすることができるように，そのモデルや具体的な方法を明示し，体系化，指導方法化を行わなければならないということを主張している。

　小倉金之助の科学的精神の啓培も，緑表紙教科書『小学算術』の合理創造の精神の形成も，この具体的方法，内容が示されなかったので不毛に終わったのだといっている。

　本書でも，指導の目標としての数学的な考え方は，確かに，この具体的特徴，指導の内容（場）方法の明示が不可欠であると考えている。

(2)　赤攝也の意見

　氏は，[(2)]「『数学的な考え方』なるものが存在することは間違いない。そして論理的考え方がその重要な構成要素であることも事実である。他方，算数・数学科は理論体系としての算数・数学を教授することだけでなく，この『数学的な考え方』を訓練することも，その大きな課題としている。

　そうなってくると，いかに困難ではあっても，数学的な考え方というものを，どうしてもかなりな程度はっきりつかんでおかなければならないことになるであろう」。

　しかし，「数学的な考え方なるものを，つかむことは極めて困難なことである。これを言葉で表現することは，殆ど不可能なことと言っても過言ではない。可能なことはせいぜい個々の教師が『数学的な考え方』の何たるかを『体得する』という類のことしかない」。逆に言えば，これをその方向へ開発していくことができると述べている。また，「数学的な考え方は『数学』を生み，これを発展させる原動力であろう」「数学になっていない『なまの素材』を数学化する力，これにも数学的な考え方が強力に参加している。これは，既成の数学の世界の中で新しい数学を生みだし，発展させていく考え方と，決して別のものではない。したがって，数学的な考え方は，また，ひとつの態度といってよかろう。確かに数学的考え方を（数学そのものでなくて）指導者が体得していなくては，（少なくも，より多く体験し，そのよさ

を経験していなくては），児童生徒に数学的な考えを指導できない」と言っている。氏の説の通りであろう。ただ教育の対象としては，不十分ながら言葉で表現することを考えないと，多くの教師たちにこれを指導の目標，指導の対象とするように要求することはできない。ここに教育の難しさがあるとも言える。

　「態度といってよかろう」といっていることは大切である。「できる」という能力よりも，「しようとする」という態度に極めて近いものである。それが本書で考え方と態度とを共々に問題にしていこうとする一つの根拠である。なお氏は，特になにを考え方とするかについては述べていないが，そこには論理的な考え方，数学化する力，数学を生み出し，発展させていく考え方といったものをあげている。この最後のものは発展的な考え方に当たるものといってよいであろう。

2　数学的な考え方の若干の内容を示している先行研究

　これは数学的な考え方の特徴を，構造的にとらえることはしてないが，考え方のある側面に焦点をあてたとみられるもので，基本的ないくつかの考え方を示しているものである。

　これには，次のものがある。

(1)　秋月康夫の意見

[3]「『数学的な考え方』とは何であるかを，数学におけると同じように定義しようとすることは，数学的ではない」「数学的な考え方と称するものは，数学活動——表現された数学だけでなく，数学を創り出していく思考をふくめた——すべてを通して体験的統合的に，むしろ直感的にとらえられるものだと考えられる」「基本的概念一つひとつのうちに，その精髄をつかんだ瞬間に分かるものが，『数学的な考え方』というものである。これらの概念は，いわゆる数学的な考え方が凝集してできた個々の立派な結晶であって，それらの個々を貫いている生命が数学的な考え方であろう」「類推，帰納，演繹

第Ⅲ章　数学的な考え方についての先行研究　73

だけが，それを導く思考方法ではない。そのような思考方法は数学的な考えを生み出す有力な方法であるには違いないにしても，『数学的な考え方』をたずねる時，個々の概念，思考方法の形式にそれを求めようとするならば，ザルに水をすくおうとするに比すべきではないか」といっている。氏は，数学的活動を通して体験的，総合的，直感的に得られるものといっている。そして個々の概念を貫いているものであるという。そしてまた，思考方法の形式に求めても得られないものであるという。

　さらにこれをうけて，いくつかの考え方をあげている。

　「数学的な考え方の第一歩は整理・整頓であろう」「次いで，数量化……こういう態度の中に数学的考えが潜むであろう」「次に記号化，一般化であり形式化である」「真に数学的とよばれるものは，上の準備ができたところから始まる。この法則はなぜ成り立つのか。これが正しいか，それはなぜであるかとの反問である」「筋道を立てて簡素化する。そして根源から築きあげ，隠された脈絡を探る。これが数学の考え方である」

　これは正に演繹的考え方である。数学を生み，応用していく時に，「初めに認めたもの」をどうしてそのようにまとめたかが大切なこととなる。

　このように氏は演繹的，公理的な考え方を例としてあげている。また次のようにも述べている。数学的な考え方は，(4)「数学自身を勉強して，その中身から，生徒自身（先生自身も）自ら求めて発見すべきものであろう。数学的な考え方は，およそ小学校から，大数学者にいたるまで，どこにでもあるものである。小学生は小学生らしく新鮮なものを感じ取るであろう」

　「数学的な処理の仕方を考え方というならば……最も大切な特徴は，何を正しいと認めてどういうことを問題とするのか，議論の足場をはっきりさせることである。次にその足場とした根拠についてそれはなぜ正しいのかという反省である。いわば，根拠の根拠を尋ねていく態度である。そして誰でもが，認めなければならない根拠に立脚して，すべての未知のものまでそこから，かくかくだから，こうなるのだと導いていく態度である」これは公理的

な考え方，演繹的な考え方である。しかし，これを高校くらいまでは無理であるといっている。

そこで，指導することは「まず，整理，整頓である。……次はどちらが重いとか，軽いとかの比較にはじまって，どれだけ重いかという計量であり，数量化である」「さらには，いくつかの量の間の関係であり，その間に成り立つ性質と，その表現であろう」と述べている。

これらは，数学の内容に関した考え方についてのものであるとみられる。そして「ここまでが，数学的な考察をする材料の作成の段階である。もちろん，この前数学の段階においても，真に数学的な考え方に発展していく芽はふくんでいる」といい，前述の意見に比べて大部具体的になってきている。

(2) 『数学的な考え方と新しい算数』にみられる考え方

1968年に発行された上の表題の書物では，数学的な考え方を，次の4つの側面からとらえようとしている。

[5] ア 数学で用いる特有の考え方
イ 数学特有のものではないにしても，数学でよく用いる考え方
ウ 数学の基礎をなすような考え方
エ 事象の考察処理に，数学を積極的に用いようとする考え方

など。

エは，数学的アイデアといわれるもので，数学の内容に関係した考えである。これを考えに入れるのがよいといっている。そして，考え方を次のようにあげている。

> 公理的考え方，理論を創ったり発展させたりする考え方，抽象，帰納，類推，演繹，一般化，拡張，構造的考え方，記号化，集合の考え，測定の考え，統計的な考え，確率の考え

(3) 『新・算数指導講座』にみられる考え方

先に述べたように，昭和52年改訂の指導要領では，「数学的な考え方」が目標には直接示されていないが，この指導要領に呼応して出された『新算数

指導講座全10巻』には，多くの指導事例が示されており，その各事例の指導展開の中に，どの場面でどのように数学的な考え方が指導されているかを，下の例のように明示するという工夫努力がなされている。

(6)**(1) 指導過程の記録**

教師の発問	児童の活動と反応の実態	備　考
1　次の問題を話して聞かせる。 　きゅうしょくを食べるとき　はん長さんがまとめて　ポテトフライをもらってきます。いくつ　もらってくればいいでしょう。 ①ひとり分の数だけわかればいいのでしょうか。 ②自分たちのグループの人数と，ひとり分いくつかを，はっきりすればいいのですね。 （関数の考え）もらってくる数は，どんな数量とどんな数量がきまればきまるかという依存関係に着目すること。 ①たし算の式はどんなところがわかりにくいか。	 ①この問題では，ひとり分がいくつかわかりません。ひとり分と，グループの人数がわかればいいと思います。 ①4がいくつあるかがすぐわかりません。	○ひとり分の数と，それのいくつ分という2量に着目することが必要であると考えたが，その点は大部分の者が気づいた。

この講座にあげられている考え方を列挙すると，次のようなものである。
I　数学の方法に関係した考え方とみられるもの

　論理的考え　　　統合の考え
　拡張の考え　　　構造の考え
　数理化の考え　　一般化の考え
　類推の考え　　　発展的な考え
　帰納の考え　　　記号化
　具体化の考え　　抽象化

Ⅱ 数学の内容に関係した考え方とみられるもの
　単位の考え　　　　アルゴリズムの考え
　位取りの考え　　　対応の考え（図形）
　変化の考え　　　　関数の考え
　集合の考え　　　　分類整理の考え
　数値化の考え　　　極限の考え
　対比の考え
　統計の考え
Ⅲ 数学的態度とみられるもの
　創造的考え　　　　簡素化

　　　　　　　（このⅠ，Ⅱ，Ⅲの分類は筆者による）

(4) NCTM 24rd yearbookにみられるMathematical Ideas

　アメリカの数学教育の研究団体 National Council of Teachers of Mathematics（NCTM）は，24年報 "The Growth of Mathematical Ideas K-12" の第12章で32個のアイデアをあげている。これらは主に内容に関係した考え，アイデアである。

　これをわが国の学習指導要領の数と計算，量と測定などの領域に分けてあげてみる。なお，それぞれのアイデアについて，それに関係するとみられる方法に関係した数学的な考え方を末尾の括弧内に示した。これはもちろん筆者によるものである。

　Idea 3 というように，番号を付して示しているので，まず各領域に属するとみられるそれぞれのアイデアをその番号と共に示す。

　なお，この年報では，各アイデアについて学年をK-3年，4-6年，7-9年，10-12年の4グループにわけ，各グループごとに具体例をあげている。その中には，納得しがたいものもあるが，その方向は参考になるものである。

Ⅰ 数・式に関するアイデア
[7] 1 新しい数は新しい仕事をするために，人間によって発見され，古い数

第Ⅲ章 数学的な考え方についての先行研究　77

によって定義される。これらの仕事のあるものは，除法や減法，開平などの演算を常に可能にすることであり，また一次方程式や二次方程式の解が常にあるようにすることであり，また正方形の対角線や0度以下の気温や損失といったような幾何学的量や物理的量，その他の量を表すことである。（拡張的な考え方）

　2　新しい数が発見されると，それについての演算のルールが定義されなくてはならない。これは計算の3つの法則を保持するようになされる。

　10　新しい数が発見されると，加法，乗法や相等を定義しなければならない。これは，同じ数が多くの名や表現のしかたをもつということを示す。

　4　計算結果の見積りは，計算のチェックや日常生活での実際的方法として用いられる。このような見積りは筆算の前や後になされるであろう。その主なねらいは，生徒たちの数を扱うセンスを伸ばすことである。

　5　結果がそれらの間にあるような2数が求められるように見積りの能力を伸ばす。ある生徒のとる間隔は広いが，ある生徒はこれより狭くとるということができるであろう。

　11　定規やものさし，分度器のような測定器を用いて得られた数は，量の近似値を表す。数自身は近似ではない。

　16　数を時には長さで，時には点で，時には面積で，幾何学的に表してよい。（図形化）

　6　数は一つの抽象である。（抽象化）

　20　数の名をみることはできるが，数をみることはできない。

　23　数の順序対は，数学での重要な概念であって，これはどの学年でもしばしば使われる。

　12　近似を表している数の計算は，その表している事実を十分考慮して扱われるべきである。同じ計算手順が，測定値，丸めた数，有理数や無理数の有理近似によって得られる数に対して行われる。

　21　数の順序関係は，数の見積りについて基本的である。

9 数とその性質は，どんな記数法に対しても同じであるが，計算法は，底10，位取り記数法と，交換，結合，分配の諸法則によって導かれる。

22 新しい数の演算においては，普通加法，乗法，順序，可換性の諸法則が不変である。しかしそれらのあるものは，他のより大切な長所を得るために変えられる。（拡張的な考え方）

8 加法，乗法は基本的演算であり，逆演算の減法，除法は，それによって定義される。

II 量と測定に関するアイデア

3 測定の標準単位は，歴史的に発生したものであるが，それは任意に選ばれるものである。

生徒は，種々の標準単位とその性質を理解しなければならない。同様に同種の測定単位の間の相互関係を理解しなくてはならない。生徒は標準単位を理解し，そのよさを知るために，その具体例について十分な経験をもたなくてはならない。

III 数量関係に関するアイデア

13 代数で，変数は数の名を代入してよい記号である。

14 数学における変数は，英語での代名詞と類似の役割を演ずる。

29 統計における推測は不確実な帰納であり，確率を用いて示されなくてはならない。

30 標本から選んだデータは，推測するためにそれを分析しようとするなら，整理されまとめられなくてはならない。

31 確率の理論に基づいた過程をふんで選ばれた見本だけを調べることで，最も効果的，経済的に母集団の決定をすることができる。

32 もし，どのサンプルの選ばれることも同様に確からしくするようにサンプリングの過程をふむことができなければ，標本に基づく推論は統計的に妥当でない。

Ⅳ その他のアイデア（数学の方法に関する考え方に関係があるもの）
　15　物の名は物そのものではない。
　　（これは抽象に関するものであろう）
　7　数学は一種のif～thenの推論である。ここで，thenに当たるものは，基本的には定義や仮説や既に証明されている定理によって導かれる。（論理的な考え方）
　17　数学の言葉はちょうど英語と同様に，それ自身の文法をもっている。
　18　数学的な定義とは，記号の集合に，他の記号を置き換えさせる文である。（記号化の考え方）
　19　二つの表現が同じものを表しているということを示すために等号が用いられる。（記号化の考え方）
　24　ある結論は，根拠とみられるいくつかの陳述からの論理的演繹によって導かれる。（演繹的な考え方）
　26　我々は，結論となる陳述の真であることを，次のようにして導こうとする。その結論は，それが真であることを示す一つ以上の陳述から導かれるということを示す。（演繹的な考え方）
　25　帰納は証明ではない。それは結論を正しいだろうとするものである。（帰納的な考え方）
　28　ある結論をうるために，その議論の過程で蓋然的推論が用いられるであろう。（帰納的，類推的な考え方）
　27　ある結論をうるためには，必然的推論がその議論の過程で用いられるであろう。（演繹的な考え方）
　これらは，やや数学的な面が強いが，Ⅰ，Ⅱ，Ⅲの中の大部分は，数学の内容に関係した考え（アイデア）を示そうとしている。また，末尾に括弧で示したように，方法に関係した考え方もいくつか挙げられている。
　この点をまとめなおすと次のようになろう。
　Ⅰ　数・式に関するアイデアの番号

1, 2, 4, 5, 6, 8, 9, 10, 11, 12, 16, 20, 21, 22, 23
Ⅱ 量と測定に関するアイデアの番号
3
Ⅲ 数量関係に関するアイデアの番号
13, 14, 29, 30, 31, 32
Ⅳ 方法に関係したアイデアの番号
1, 6, 7, 15, 16, 17, 18, 19, 22, 24, 25, 26, 27, 28

ただこれを見てもわかるように，数と計算，特に数についてのアイデアがほとんどである。量と測定については一つのみであり，関数についてもごく僅かである。そして図形に関しては一つもあげられていない。計算についても概算に関しては大分詳しくあげているが，これと対比して計算の意味，演算決定に関するものは一つもあげていない。わが国との教育課程の違い（例えば，小学校では図形をほとんど指導していなかったといった）はあるにせよ，図形や関数的見方，量と測定がまったく教えられていないというはずはないし，演算決定の指導をしていないわけでもないであろうが，この面の追究の少なさが問題である。また方法に関する考え方も，演繹，帰納，類推に関係したもののみで，統合とか発展といった面がふれられていない。

このように考え方としては，範囲において不十分であるといわざるをえない。

(5) 大野他著『算数数学への新しいアプローチ』にみられる考え方

この書物は1972年に出版されたもので，[8]第1編は算数・数学的素材の現代的考察，第2編は数学的な考え方へのアプローチとなっている。

第1編は，内容の考察であるので，数学的な考え方はあまり出てこないが，

　　構造の考え
　　式を用いる考え
　　関数の考え

計量の考え
　　図形の考え
などがあげられている。第2編には,
　　数学化の考え
　　理想化
　　抽象化
　　条件を明確にする考え
　　図形化
　　単純化
　　記号を用いたり,読んだりする考え
　　数量化
　　帰納,類比,演えきの考え方
　　拡張,一般化の考え
　　公理的な考え
などの考え方が示されている。第1編のものは,内容に関するアイデアが主であり,第2編のものは方法に関するものであることがわかる。

(6) **若干の小学校の研究**

① 水戸市立石川小学校では,「算数科筋道を立てた考え方の指導」について研究し,これを1978年に公にしている。このなかで,筋道を立てた考え方の特徴として,帰納的な考え方,類推的な考え方,演繹的な考え方の3つをあげ,これらについて次に示す例(最も短いものを示す)のように,各学年の各領域ごとにこれらを指導する場を細かくあげている。その数は,50に及ぶ詳しいものである。これに加えて各学年の指導事例を一つずつ示している。

(9) 1　0.3 + 0.2はいくつになるか考える。
　(1)　数直線で考える。
　　　・整数のたし算や,同分母の分数のたし算を数直線で考えたことから,小数のたし算も,数直線で考えられることに気づく。(類推的思考)
　(2)　小数のつくりから考える。

・0.3は0.1が3こ集まった数，0.2は0.1が2こ集まった数だから（0.3＋0.2）は，0.1が（3＋2）こ集まった数

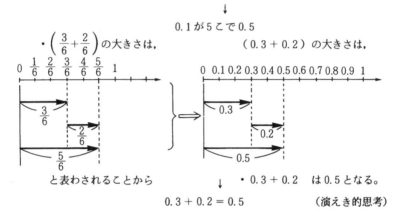

0.3＋0.2＝0.5　　　　　　　　（演えき的思考）

・その他の小数のたし算を通して，小数のたし算も，整数のたし算と同じ方法でできることをまとめる。　　　　　　　　　　　　　　（帰納的思考）

2　整数，分数，小数のたし算の考え方をまとめる。

・3＋2 ⇒ 1を単位にすると1が（3＋2）

$\frac{3}{6}+\frac{2}{6}$ ⇒ $\frac{1}{6}$を単位にすると$\frac{1}{6}$が（3＋2）

0.3＋0.2 ⇒ 0.1を単位にすると0.1が（3＋2）

と考えることができることから，

・同分母の分数のたし算も，小数のたし算も，整数のたし算と同じ方法でできることをまとめる。　　　　　　　　　　　　　　　　　（帰納的思考）

② 香川県算数教育研究会は多年にわたる研究をまとめて，[10]『数学的な考え方を身につける算数学習指導』を1973年に発行した。ここでは数理化，統合的，発展的，筋道立った考え方といった当時の指導要領の総括目標にあげられている考え方について，これを創造的人間の育成との関係から，その指導，評価を，やや理論的に考察し，さらにこれらの考え方を育てる指導事例を各学年6つずつ示している。

③ 東京都渋谷区立常磐松小学校は，学校をあげての研究をまとめて1975年に『算数科内容の統合と教材の精選』を刊行した。ここでは内容を統合し

精選することによって指導の効果を上げるというねらいから，統合のための8つの観点をあげている。そして，それぞれの観点によってまとめられる内容を各学年ごとに詳しくあげている。この内容は，各観点ごとに30～50くらいずつ示されており，算数の全内容にわたるのではないかと思われる。

[11] 8つの観点とは次のものである。
 1. 単位についての考え
 2. 数直線についての考え
 3. 計算のきまりについての考え
 4. 図形の構成要素についての考え
 5. 図形の移動についての考え
 6. 式表示についての考え
 7. 関数についての考え
 8. 集合についての考え

このように，これら8つの観点は算数の内容に関係した考えである。統合するという必要のために，アイデアに着目するのがよいということを主張するものである。

④ これと同じ年に[12]福島県白河市立白河第一小学校と[13]山口県美祢市立大嶺小学校も，それぞれ学校の研究をまとめて『算数科教材の精選と統合的発展的な考え方』『算数科統合的発展的な考え方の指導』を発行している。

これらはいずれも表題のごとく統合的発展的な考え方を算数科の重要な考え方とし，これについて，指導の場を精細に研究しまとめたものである。もちろんこれに続けて，統合的発展的な考え方を育てる指導事例を各学年ごとに示している。

⑤ 愛媛県東予市立壬生川小学校も1977年に『自ら学ぶ力を育てる算数指導』を公にしている。この副題は「数学的な考え方を伸ばすための教材の精選と指導の重点化」である。ここでは，あとにあげる都立教育研究所の研究による数学的な考え方に基づいて[14]「数学的な考え方を伸ばす指導の研究は，

従来は，A『数学の内容に関係した数学的な考え』，あるいはB『数学の方法に関係した数学的な考え方』に主眼をおいたものが多かったのではなかろうか。

これに対して，本校では，C『数学的な考え方を生み出す原動力となる考え方』に重点をおいている。Cの考え方は，a『自主的に行動しようとする』，b『合理的に行動しようとする』，c『内容を明確にしそれを簡潔明確に表現しようとする』，d『思考労力を節約しようとする』といった人間としての望ましい資質ともいうべきものであり，教育の目標からみた考え方であるといってよい。

自ら学ぶ力を育てようとすれば，こうした心的構えや態度の育成が根本であり，それが原動力となってAやBの数学的な考え方を生み出させることが大切ではないかと考えたのである」として，この数学的な態度についての研究を中心に行おうとした。そして多くの事例を示している。しかしその中に上述の態度がどう育てられるかは，必ずしも明らかにされていない。

いずれにしろ，1970年代中頃まで，すなわち現代化といわれていた時代に，このように実際に児童生徒を指導している学校での数学的な考え方についての研究が盛んであり，その考え方を伸ばす指導も相当具体的に行われ，研究されたことがわかる。

そして，そこで取り上げられた考え方は，現在も，考え方の具体的なものとして取り上げられるのが妥当とみられるものが多い。

(7) S. Brown & W. Marion の What if not technique

Brownらは What if not テクニックを1960年代から主唱している。そして，[15]最近もこのテクニックは問題の発展的扱いの有力な方法としてよく取り上げられている。

これは，次のようなものである。

[16]ある原題を解決したところで，

(1) その問題，定理の性質，条件を列挙する。これをもとに，次のように

して新しい問題を作っていくのである。

(2) 上の各性質を「もしその性質でなかったらどうなるか」と各性質を否定した質問をしていくのである。

(3) この各質問を順次解析し，そこから得られた新しい問題にアタックしていく。

① まず性質を一つずつ「そうでなかったら」と変えていって新しい問題を作り解決を試みる。

② いくつかの性質を同時に「これらがもしそうでなかったら」として，より複雑な問題の発見に発展させていく。

これは，問題には「条件という変数がいくつもある（結論も含めて）。そこで，その中の一つの変数だけを変えてみる。これによって問題がどう変わるかをみる」ということである。

このように変数のいくつかを固定して，他を変えてみる。時には結論をある条件と入れ替えてみる（独立変数と従属変数を入れ替えることに当たる）のである。したがって，これは問題に対して，関数的な考えによる発展的な考え方を行うことと言ってよいだろう。

すなわちこれは，発展的な考え方をする時の関数的な考えと考えられる。

3 問題解決のストラテジーの先行研究

考え方やストラテジーを組織化，構造化する一つの観点として問題解決の過程，学習過程の各段階に対応させてこれらを位置づけるということが考えられる。この代表的なものにポリヤの考えがある。もっともポリヤは，数学的な考え方ということはいっていない。また，後の人がこのポリヤの考えを「ポリヤのstrategies」といっている。

たしかに，その主張は，ストラテジーのことをいっているとみられる。

そこでまずポリヤの考えを示そう。

(1) Polyaの *How to solve it* より

これから後にも度々参考にするように，ポリヤは非常に優れた一連の書物を著している。

まず，その一つの"How to solve it"の中で，問題解決の過程（段階）として，4段階を示し，各段階ごとに，自分自身や学生（問題解決者）に問いかける重要な問いを示している。

そのいくつかをあげると次のようである。

[17] 1　問題を理解すること：未知のものは何か。
条件は未知のものを定めるのに十分であるか。図をかけ。適当な記号を導入せよ。

2　計画をたてること：前にそれを見たことがないか。
似た問題を知っているか。その結果を使うことができないか。その方法を使うことができないか。役に立つ定理を知っているか。もっとやさしくてこれと似た問題はないか。もっと一般的な問題は？　もっと特殊な問題は？　条件の一部を残し他を捨てよ，そうすればどの程度まで未知のものが定まり，どの範囲まで変わりうるか。

3　計画を実行すること：解答の計画を実行する時に，各段階を検討せよ。その段階が正しいことをはっきりと認めうるか。

4　ふり返ってみること：結果（議論）をためすことができるか。結果を違った仕方で導くことができるか。それを一目の内に捉えることができるか。他の問題にその結果や方法を応用することができるか。

この第1段階には，条件の明確化と依存関係に着目するという考え，記号化，図形化などの考え方に当たるものがあるとみてよいだろう。

第2段階には，
　　既知のものとの関係を考えよう
　　類推をする

第Ⅲ章　数学的な考え方についての先行研究　87

　　　帰納する

　　　単純化する

　　　一般化する

といった考え方に当たるものがみられる。

　第3，4段階には，

　　　演繹的

　　　発展的

　　　統合的

などの考え方に当たるものがみられる。

　さらにポリヤは他の著書では，

　　　[18]逐次近似，理想化，特殊化

などの考え方に当たるものも示している。

　ポリヤは，種々の興味ある問題を取り上げて，上述のような考え方を適切に，巧みに使うしかたを具体的に示している。

　ただ，問題が存在するところから出発しているので，数学化についてはあまりふれていない。したがって，これに関係した数量化，抽象化といった考えはあまりでてこない。また「どのようにしてこれらのことを考えようとするようになるか」という点には言及していない。

　しかし，上述のように，問題解決の過程をもとに，考え方を構造的に示そうとしているとみられる。

　(2)　L.R.ChapmanらのThe Structure of Mathematical Thinking

　[19]チャップマンらは問題解決の過程にそって，「Mathematical Thinking の構造」というものを示している。

　その中の1群「創造と発見　問題解決」に，次のような数学的な考え方にあたるものがみられる。ただここでは，この一つ一つについての解説はないので，それぞれの意味することは明らかでない。また構造と言っているが，これは考え方の構造でなくProblem‐SolvingとPure MathematicsとMathematical Applicationとの間での関係という意味のようである。

　抽象
　一般化
　　組織化
　　推測すること
　　類推
　　直観
　　帰納
　　図
　　記号
　　選択
　　観察
　　数え上げ
　　対称

(3)　G.L.Musser & J. M.Shaughnessy の Strategies

　数学的な考え方に非常に近い概念としてストラテジー，特に問題解決におけるストラテジーというのがある。これは近年特にアメリカで注目されてきている。そして多くの人が，それぞれの立場からストラテジーの特徴を示し，またその例を示している。

　このストラテジーには，数学的な考え方の特徴と同じものがいくつも示されているし，また表現は異なっても「あの数学的な考え方と同じだ」と読み直せるものが多くある。しかし中には，考え方とは考えられない，単なる技能，手順とみられるものもある。

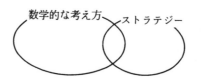

したがって，数学的な考え方とストラテジーとは，前ページのような関係のものとみられる。

このストラテジーの一つとして，ムッサーらの考えをみる。

彼らは学校で指導できる問題解決のストラテジーとして，次のものをあげ，それぞれについて興味ある問題を例示している。

[20] 1 試行錯誤

これを最も直接的な問題解決の方法としている。この試行錯誤について次の2つをあげている。

(1) 組織的試行錯誤

例えば，数を順序よく変えていって試みていく方法である。

単なるソーンダイク流の試行錯誤は少なくとも数学的な考え方とはいい難いものである。しかし，この組織的試行錯誤は，ポリヤのいう選択的試行錯誤である。そして，これを用いようとする考えは帰納的な考え方といってよい。

(2) 推論的試行錯誤

これは，まず問題の条件のいくつかについて考え，それによって試行する場合の数を制限したり，試行する場合を分類列挙する。その上で，その分類に従って順次試行していくのである。

しかし，この前半は，演繹的である。したがって，これは，演繹的に考えてからその結果に基づいて組織的に試行していく場合とみた方が適当であると考える。

(3) パターン

パターンをとらえ，それを用いて問題を解決するということである。これは，いくつかの具体例から一般的パターンを見出すというもので，帰納的な考え方とみてよいものである。

(4) より簡単な問題を解くこと

ある問題の特別な場合を解くことと，複雑な問題を簡単な場合に変えて

みることである。これらは，特殊化と単純化である。そして，この後者は，これに続いて一般性を見つけ,用いるという前項のパターンストラテジーを行うこととなるのである。

これらは，特殊化と単純化である。

(5) 逆向きに考える

ゴールや証明すべきことから始めて，そのことから何がいえるかを考えていく，すなわち，結論から条件へと逆に考えていくことである。

このように考えようとすることは演繹的考え方の一つである解析的思考であるとみてよい。

(6) シュミレーション

問題についての実験や調査が実際にできない時，このシュミレーションが行われる。

これは単純化・理想化といってもよいであろう。

以上のように，ここでは，ストラテジーとして，広義の選択的試行錯誤，帰納的な考え方，一般化，特殊化，単純化，逆向きに考える，理想化などの考え方に当たるといってよいものを示している。

(4) W. A. Wickelgrenの問題解決の方法

この書は，数学的，科学的，そして工学的問題を解くための能力を改良するための助力を与えるというねらいで書かれたものである。

[21]「例を用いて教えるというのが，この本で用いられている第一の方法である。まず最初に，一つの問題の方法が理論的に論じられ，次いで，諸君がこの方法を実際にどう用いるかを理解されるよう，多くの問題に応用される」。このようにして，いくつかの問題解決の方法をあげ，その解決過程が示され，論じられ，さらにその方法を用いる問題がいくつも示されている。それらの問題は数学そのものの問題もあり，パズル的なものもあるが,いずれも興味深いものである。

このようなことで，ウィケルグレンはストラテジーとしてあげてはいないが，そこに示されている方法は，これまでにあげたストラテジー，またはこの後に示す他の人のストラテジーに当たるものが柱としてあげてある。そこには次のようなものがみられる。

　　　ランダム試行錯誤
　　　組織的試行錯誤
　　　分類的試行錯誤

これらは，前述のムッサーのと同じである。

　　　サブゴールを定義する。
　　　矛盾の方法
　　　　間接証明
　　　　多重選択
　　　　分類的矛盾
　　　　無限の研究範囲における反復矛盾
　　　　逆に考える

これもムッサーのあげたものとにている。

(5)　J. F. LeBanc の Strategies

ルバンクは問題解決の過程として，ポリヤと同じ

[22] 1.　問題を理解すること
　　2.　問題解決の計画をすること
　　3.　問題を解くこと
　　4.　問題とその解を振り返ること

の4段階をあげ，その計画の段階の中で，一般的ストラテジーと補助的ストラテジーとが考えられるとし，それぞれについて次のものをあげている。

　　　一般的ストラテジー
　　　　試行錯誤
　　　　組織的列挙

単純化
　　　パターンの探求
　　　実験
　　　演繹
　　補助的ストラテジー
　　　ダイヤグラム
　　　表
　　　グラフ
　　　列挙
　　　方程式
　この補助的ストラテジーは，これだけでは考え方とみることはできない。例えば，方程式は方程式の使い方なのか意味なのか，式のよさを生かそうとする考えなのかがわからない。
　補助的ストラテジーが，グラフに表そうとか，より適切な表現のしかたを考えようといった図形化や関数的な考え，式に関する考えなどとみられるなら価値があるが，そうはよみとれない。また，一般的ストラテジーの中の試行錯誤が単なる試行錯誤であるなら，すでに述べたようにこれは考え方には入れられないであろう。その他実験以外は本書の考え方としてあげるものである。

(6) Alan H. Schoenfeldの *Heuristics in the Classroom*

　シェーンフェルドはこの論文で，ポリヤが問題解決の過程について述べているものをさらに詳しくしたものであるとして，次のようなヒューリステックスな方法をあげている。

[23]「問題解決における若干の重要なヒューリステックス

　A　問題の分析と理解
　　1　可能な時は常に図をかけ。
　　2　特別な場合を調べよ。それによって次のことをする。

(a) その問題の具体例をあげよ。
(b) 場合の限界を調べることを通して可能な場合の範囲を調べよ。
(c) 変数を順に1，2，3と変えていって，帰納的にパターンを見出すこと。
3 対称性を用いて，また一般性を失うことなしに，単純化しようとする。
B 解決の計画
1 解決を階層的に計画せよ。
2 それはなぜか，この操作の結果を用いられるかを説明できるようにせよ。
C 難しい問題への解を求めること
1 種々の同等な問題を考えよ。
(a) 条件をそれと同等な条件に換えよ。
(b) 種々の仕方で，問題の要素を組み合わせよ。
(c) 補助要素を導入せよ。
(d) 見方や記号を変えたり，矛盾や反例を論ずることによって，または解を仮定したり，解がもつべき性質をきめていくことによって，問題を作り直せ。
2 もとの問題を少し変えることを考えよ。
(a) 下位目標を選び，それに到達するようにせよ。
(b) ある条件をゆるめそれを直すようにせよ。
(c) 問題を場合に分解し，それぞれの場合について調べよ。
3 もとの問題を大きく変えることを考えよ。
(a) より複雑でない（変数の少ない）類似の問題を調べよ。
(b) 残りを固定して一つだけの変数や条件の役割を調べよ。
(c) 問題の形式や条件，結論の似た問題を調べよ。結果と方法の両方を調べようとせよ。

D 解の確かめ
  1 次のような特別なテストを使え。
    すべてのデータを使ったか？ 適切な見積りに妥当するか？ 対称性，次元分析，大きさについてのテストに耐えるか？
  2 次のような一般的テストを使え。
    それは別の方法で得られるか？ 特別な場合によって確かめられるか？ 既知の結果に帰着されるか？ それを既知のものに一般化できるか？」

これは，問題解決の過程にそってストラテジーを構造的に示そうとしていることは明らかである。

そしてAの1は図形化，2の(a)は具体化，(b)，(c)は帰納，3は単純化，Bは演繹，Cの1は演繹と条件の明確化，2は単純化が使われる。3の(a)，(b)は単純化の考え方や類推的な考え方を使うことである。(c)は発展的，統合的な考え方とみられる。Dの1は特殊化による確かめ，2は一般化，発展的な考え方に当たる。

(7) S. Krulik & J. A. Rudnik の Strategies

彼らは，問題解決のねらいは答えそのものにあるのではない，解決の過程にあるのであるということを絶えず強調すべきであると主張している。そして，そのために，多くの具体的問題解決を通して，種々の問題解決のストラテジーを明らかにしていかなくてはならないと主張する。

そして，具体的問題解決を例にして問題解決の過程の指導をフローチャートに示し，その過程にストラテジーを（明確ではないが）対応させようとしている。

その問題解決のストラテジーとは次のものである。

1 パターンの認識
2 逆向きに考えること
3 推測と試行錯誤

4 シミュレーションまたは実験
5 単純化
6 すべてを尽くすこと
7 論理的演繹
8 データの表し方
 8.1 グラフ
 8.2 方程式
 8.3 式表示
 8.4 表
 8.5 チャート
 8.6 ダイヤグラム

　これらは，考え方を問題にしているのか，技能的な面だけを問題にしているのかはわからないが，この中の1から5まではムッサーのと同じであり，6は「すべての場合をあげること」で，一種の完全帰納であり，7は演繹である。そして8はデータの表し方を工夫するという関数的な考えの一つとみられるし，さらに図形化，式化などの考えを含むともみられる。

　そしてフローチャートでは，問題解決の段階とそこで使われるストラテジーを次のようにあげている。

　問題を読む
　　　何を求めているか
　　　キーワードは
　　　問題を設定すること
　探究
　　　データを記録せよ
　　　ダイヤグラムやモデルを作れ
　　　チャートを作れ
　　　実験

パターンを探せ

　　　ストラテジーの選択

　　実験

　　推測

　　解を仮定せよ

　　仮設を作れ

　　もっと簡単な関係のある問題を探せ

解決

見返しと拡張

　　　変えてみよ

　これをみると，上にあげたストラテジーの1と4，3が探求とストラテジーの選択の段階に示してあるだけである。そしてそこにあげられていなかった似た単純な問題を求めたり，解を仮定したり，拡張したりするというのはあげているが，これらはいずれも考え方に関係のあるものである。

(8)　R. Charles ＆ F. Lester のStrategies

　彼らは，問題解決の過程を，先述のポリヤの主要な4段階に求めて，この各段階にストラテジーを次のように対応させている。

[25]〔問題解決力〕

＜問題を理解すること＞

・問題を読む。

・何を見出そうと試みているかを決める。

・重要な資料を見出す。

＜問題を解くこと＞

・パターンを探す。　　　・挿絵をかく。

・推測しチェックをする。・整理した目録をつくる。

第Ⅲ章　数学的な考え方についての先行研究　97

- 数式を書く。
- 論理的な推論をする。
- もとにもどって考える。
- 表を作る。
- 具体物を用いたり実演したりする。
- 問題を簡単にする。

＜問題に答えること，答えを評価すること＞

- 重要な情報をすべて用いたかを確かめる。
- やったことをチェックする。
- 答えが意味があるかどうかを決める。
- 答えを完全な文章に書く。

　そして，この問題解決の過程で⁽²⁶⁾「成功的な問題解決で用いられるすべての技能や過程をストラテジーとして引合に出して」いる。したがって，ストラテジーは，我々のいう考え方そのものではなく，この一部と共に技能なども含むものである。

　これは，これまでにみてきたストラテジーについてもほぼあてはまることである。

　さて，彼らはストラテジーを，先述のJ. F. LeBancと同様general strategiesとhelping strategiesとに分けて示している。

　⁽²⁷⁾「一般的ストラテジー（general strategies）は問題を攻略する全般的な計画に関連している。補助的ストラテジー（helping strategies）は一般的ストラテジーを用いることを容易にするようなものである」

　そして，その分類は次のようである。

⁽²⁸⁾〔一般的ストラテジー〕
- パターンを探す；一般化する。
- 演繹をする。（または帰納する）
- 逆向きに考える。
- 推測してチェックする。

〔補助的ストラテジー〕
- 問題を読み返す。
- 鍵となる言葉や句を探す。
- 重要な情報を書き留める。
- 整理した目録，表，図表を作る。

・まず，似た問題を解く。(類似なもの，または，条件や変数を減らして簡単にしたものを解く)
・方程式を書く。
・もっと簡単な数を用いてみる。
・挿絵，教具，グラフを用いたり，作ったりする。
・その問題を実験したり，実演したりする。

そして，これらのストラテジーについて，焦点をあてて指導する学年を次のように示している。

(29)＜1年と2年でのストラテジー＞
・挿絵をかく。
・問題を実演する。
・具体物を用いる。
・推測しチェックする。
・論理的な推論をする。

＜3年から8年までのためのストラテジー＞
・パターンを探す。
・推測し，チェックする。
・挿絵をかく。
・整理した目録を作る。
・表を作る。
・逆向きに考える。
・具体物を用いたり問題を実演したりする。
・論理的な推論をする。

この一般的ストラテジーには，一般化，演繹，帰納，逆向きに考える（解析的思考），類推，単純化，式化，などの考え方に関係あるストラテジーが示されていることがわかる。

補助的の方には，単純化，図形化などの考え方に関係あるものがみられるが，問題を読み返す，重要な情報を書き留めるなどは，むしろ内容を簡潔明

確にとらえようとする数学的態度に関係したものである。

4 数学的な考え方を構造的にとらえようとしている先行研究

数学的な考え方の特徴を数学の方法，内容の観点から構造化しようとしているとみられるものとして，次のものがある。

(1) 原弘道の意見

氏は[30]「数学者フォン・ノイマンが『どんなに優れた数学者でも，数学の領域の四分の一も分からないであろう』といっているように，われわれにとって，数学とは巨大な対象でありすぎる。したがって，『数学的な考え方とはどのようなものか？』と問われても，群盲評象になることはやむを得ないであろう。そこで，『この人はどんな立場で考えているか？ を批判して，数学的な考え方とは何かを総合的に考察することが大切である』」
といい，数学が他の学問と違う点から，という立場で，次の考え方をあげている。

「1 公理をあげて推論の根拠とする事柄を決めようとすること」

これは，公理的（構造的）考え方，論理的考え方にあてはまるものであろう。

「2 数学の学習を通して「数学の構造」を創り出すように導くこと」

これは，公理的，構造的考え方である。

「3 用語の定義を明確にし，一義的に解釈されるようにすること」

これは，簡潔明確に表そうとする考えである。

「4 思考の対象となるものを抽象化，記号化していくような心構えを作ること」

これは抽象化，記号化の考え方と言える。

「5 概念や法則を，いつも拡張していくような心構えを作ること」

これは，統合的発展的考え方（拡張的な考え方）である。

このようにみてくると，この中の3は数学的な態度といってよいものであり，他は数学の方法に関係した数学的な考え方であることがわかる。

また,「研究対象と研究方法の両者から数学的な考え方を考察するという立場」から,考え方として,次の3つを主要な例としてあげている。
「1　どの領域にも必要な考え方として集合の考えを用いること
　2　どの領域にも必要な考え方として関数的な考えを用いること
　3　方程式関係,不等関係,相関関係など,関数的な考えを用いること」
これらは,数学の内容に関する数学的考え(アイデア)である。

ここで例えば,集合の考えが,数学的な考え方の一つなのであって,これを用いることは考え方そのものではないであろう。

「記号化できるようにすること」も同様である。

(2)　菊池兵一の数学的な考え方

菊池兵一は,1969年に『数学的な考え方を伸ばす指導』を著し,次のような考え方をあげている。

[31]「個々の数学的事実を思い出していく過程で
　　　抽象化
　　　単純化
　　　帰納的考え方
　　　一般化
　　　類比
　　　試行接近
　　数学的事実を反省する過程で
　　　演繹的
　　　形式化
　　　総合的
　　　美化すること
　　　概念化
　　　数化,式化,記号化
　　そのほかの考え方として

図形化
　　　関数的考え
　　　空間化
　　　分析的，総合的にみていく考え
　　　系統化，公理化，拡張の考え方」
　この中で「美化すること」は，よりよいものを求めようとする数学的態度であり，式化，関数的考えは内容に関係したアイデアであるが，その他はほとんど方法に関係した考え方である。
　ただ，この分類で「そのほか」を設けなくてはならなかったのは分析がまだ十分ではなかったのであろう。
　(3) 川口廷の意見
　氏は，「数学的に考えること」ができるようにするという行動的なとらえ方をするという立場から，考え方の特徴として次のものをあげている。
　[32]「(1) 記号的思考（Symbolic Thinking）」
　直接操作を，思考操作に置き換えるところにこれがあると述べている。
　「(2) 構造的形式化（Structural Formalization）」
　公理的及び形式的考え方である。
　「(3) 基礎的構成（Basic Construction）と拡張（Extention）」
　前者は，「複雑なものを単純なもので構成することによって，もとのものの構造の本質的な姿を見極めようとする考え方に立つものである」という。
　後者は，「考察の対象を一部分として包含してより広いものに拡張していくといった思考形式である」。
　この前者は，単純化，抽象化のはたらきをもとにした構造化の考え方であろう。また，後者は拡張的な考え方である。
　「(4) 関係的思考（Relational Thinking）」
　「関数的な思考はいうまでもなく，数学的な諸概念はみなこの範ちゅうに入るといえる」といっている。これは「関係づけてものをみようとする」と

いう態度に相当するものとみたい。ただ，諸概念すべてが入るというのは，改良運動の時の関数観念の涵養と同様な意義づけを考えているのであろう。これはこの考え方が諸概念の構成，使用にはたらくということであろう。また，川口はその後これらとは異なったとらえ方をしており，数学的な考え方のとらえ方が変わってきたようである。

すなわち，『数学的な考え方とその指導　小学校編』(1970)において，
[33]「1　単純化，明確化，能率化
　　2　抽象化，帰納的
　　3　一般化，拡張の考え
　　4　公理的な考え（演繹的）
　　5　構造化」
をあげている。これらはいずれも方法に関係した考え方である。

川口は，

「前章では，数学的な考えについて諸家の説が総合され，またこれらを総合した形でまとめた東京都立教育研究所の研究が示された。

このように多くの見解がひとつところに展開されて，それを総合的にみることには，大きな意義があり，読者は，これによって，数学的な考えの意味について鳥瞰図的な把握ができたことと思われる。したがって，ここでは数学的な考えの意味についてさらに検討する必要がないように思われるが…」
と述べながら，異なった角度からその意味と構造を考察しようとして，上述のような考え方をあげている。

なお，[34]このシリーズの『中学校編』『高等学校編』には考え方はまとめられていない。

(4)　**和田義信の考え**

雑誌『算数と数学』では，1966年7月号と8月号で，「『数学的な考え方』についてどんな点がみんな一致しているか，どこは意見が違うか，そして意見の違いはどこに由来するか，いちど整理して，考え直してみる必要がある

のではないか——そう思って、アンケートをお願いすることにしました」ということで、多くの人々の数学的な考え方についての意見を集めている。

この中で氏は、[35]「この日本語（数学的な考え方）が何を意味するかを明確にされないままに論議されているように思われる。ここで、取り上げられている内容を分類整理してみたい」と述べて、次のように三つに分けておられる。

「その第一にあげられるのは、数学的なアイデア（Mathematical idea）といわれるものであろう。例えば、用語によって示される概念などは、これを示しているとみてよいであろう」「このような数学的アイデアについての研究としてNCTMの24年報の "The Growth of Mathematical Ideas" をあげることができる。

一般に問題解決をはじめとして、各種の事柄の指導に於いて、背後にある数学的なアイデアを忘れて、ことがら自身、解決自身にだけ目をかけて指導しがちではないかと思われる」。

[36]「第二にあげられるのは、数学的な方法（Mathematical methods）といわれるものであろう。しかし、学校教育においては数学的方法といっても、純粋数学の立場に立つものでなく、もっと広く解釈して、自然科学的方法（Scientific methods）をも含めたものとみるのが妥当であろうと思っている。科学的方法の一つに実験、観察をあげることができよう」。

「第三にあげられるものは、数学教育のねらいといわれるものであろう。あるいは、数学の性格に関するものであるといってよいであろう。記述にあたって、簡潔、明確を期するということなどはこれである」。

氏の説明は、僅か一頁のものであり、それぞれについて一、二の例しか示していないが、著者はこの分類が妥当なものと考え、この三つの観点に基づいて、それぞれの中身となる考え方、態度の特徴を細かく調べ、包括的にあげるように努めたいと考えたのである。

なお、このアンケートには、多くの方々が答えているが、数学的な考え方

を組織的,具体的に示しているものは,これ以外にはみられなかった。

(5) 都立教育研究所の研究の数学的な考え方

都立教育研究所の数学研究室では,数学的な考え方について1966年から研究を行った。その方法は,各方面で論議され,いろいろ出された論説をできるだけ包括的にまとめ,これを分類整理することによって,数学的な考え方の特徴を明らかにしようとしたものである。これには,数学的な考え方とは「これこれこういうものである」という言い方はできるものではないし,このように表現したものはすでに考え方ではない。またそのあげられる特徴も主張する人によって十人十色であった。そこでこれらを集大成することによって,数学的な考え方を特徴の面から明らかにしようとしたのである。また算数・数学の指導で,これらのどの特徴を,特に各単元や毎時でのねらいとするかと考えていくことにより,考え方の指導が次第に具体的にとらえられていくと考えたからである。

実際,本研究では,考え方の特徴を示すだけでなく,いくつかの指導事例をも示している。その事例では,目標に例えば「単純化する考えや類推的考え方を育てる」というように,その時間の指導のねらいとする考え方を示し,かつ「展開」に「数学的な考え方」の欄を設け,展開の各段でどんな考え方が指導されるかを具体的に示している。

考え方の特徴については,次に示すように大きく3つのカテゴリーに分け,さらに第2のカテゴリーは,それを2つに分けて示してある。この中で,第2は,これまでの諸説にみられた考え方の特徴を包括的にまとめ整理したものであり,第3はこれまでのものでは十分でなかったので,これをもとに具体的に項目を作り上げたものである。そして第1は,これまでの説にはあまり見られなかったものであるが,[07]「人間形成という面から,どういう考え方,態度をとるようにさせることが望ましいかということを考える必要がある。この考え方も算数,数学で伸ばさなくてはならないものであって,これが発展して数学の手法からみた考え方や,数学の内容からみた考え方に伸び

ていくものと考えるということから第2,第3の考えの背景となり,これを生み出すもとになるものとしてあげたのである」。

なお,この研究をさらにまとめて[38]『数学的な考え方とその指導』と題して公にした。

以下に研究所のまとめた考え方を上げる。
[39] 1 数学的な考え方を生み出す背景となる考え方
　(1) 自主的に行動しようとする。
　　① 疑問の目をもってみる。
　　② 問題意識をもつ。
　　③ 数学を進んで日常生活に生かす。
　(2) 合理的に行動しようとする。
　　① 目的を把握する。
　　② 見通しを立てる。
　　③ 的確に判断する。
　　④ 使える資料は何かなどを考える。
　　⑤ 関係づけてものをとらえようとする。
　　⑥ 筋道立った考え方をする。
　(3) 内容を明確にしこれを簡潔明確に表現しようとする。
　　① 内容を明確にし,的確にそれらを記録したり,伝えたりする。
　　② 分類整理する。
　(4) 思考,労力を節約しようとする。
　　① 思考を対象的思考から操作的思考に高める。
　　② 自他の思考とその結果を評価し,洗練する。
　2 数学の流れをつくる数学的な考え
　(1) 数学のねらいともいわれる数学的な考え方
　　① 帰納的考え方

② 類推的考え方
　　③ 逐次近似的考え方
　　④ 演繹的考え方
　　⑤ 統合的考え方
　　⑥ 拡張的考え方
　　⑦ 公理的考え方
　(2) 思考の対象に対する数学的な考え方
　　① 抽象する考え
　　② 数量化したり，図形化したりする考え
　　③ 記号を用いたり，読んだりする考え
　　④ 理想化する考え
　　⑤ 単純化する考え
　　⑥ 一般化する考え
　　⑦ 特殊化する考え
　　⑧ 形式化する考え
3　数学の内容からみた数学的な考え方
　(1) 数・式における考え
　　① 大小，相等，順序などを考察する時，1対1対応を用いようとする。また，ある集合におきかえて考えようとする。
　　② いろいろなものの大小や順序，大きさを考察する時，数を抽象しようとする。
　　③ 数を単位の大きさと，その個数を表す記号によって表そうとする。
　　④ 数範囲を拡張することによって，点の位置や線の長さなどを数を用いて表現することを可能にしたり，演算を可能にしようとする。
　　⑤ 問題を直接に処理しないで，数の操作によって処理しようとする。

⑥ 四則を加法と乗法に帰着させようとする。
⑦ 大小相等などの基本性質に着目する。
⑧ 数の考察を、点の位置や図形の大きさの考察におきかえようとする。または、この逆を使おうとする。
⑨ 見通しを立ててから計算したり、数の大きさを大づかみにしようとする。
⑩ 式は数量やそれらの間の関係・法則を簡潔に一般的に表したものであることを知り、これを用いようとする。
⑪ 式をよもうとする。
⑫ 式に関する基本的な操作に着目し、これを用いて式を形式的に処理していこうとする。
⑬ ねらいにあわせて、式をできるだけ簡単な形に表そうとする。
⑭ 式の形に着目して、その表す事柄や関係を統合したり、発展させたり、さらに一般的な形に表そうとする。

(2) 測定における考え
① ねらいに照らして、どんな量をとらえたらよいのかを考えようとする。
② 媒介物を用いて、量の大きさをとらえようとする。
③ 量の大きさを数を用いて、客観的に表そうとする。
④ ものごとを正確に判断したり、的確に伝えたりするために、測定値を求めようとする。
　ア 同種の単位間の関係を適切に用いようとする。
　イ ねらいと精密さに応じて単位や計器を選択したり、用いたりしようとする。
　ウ 測定値は近似値であるということに着目する。
⑤ 既知の測定の考えや方法をより上手に用いたり、より広く用いていこうとする。

ア　長さや重さ，時間などと関係づけてみようとする。
　　　イ　公式を用いようとする。
　　　ウ　比例関係に着目して測定しようとする。
　　　エ　加法性を用いようとする。
　　⑥　見通しを立ててから測定しようとする。
　(3)　図形における考え
　　①　ものの形や大きさ，位置関係，つながり具合などを考察する時，図形を抽象しようとする。
　　　ア　ものの形や位置関係などをとらえる時ねらいに照らして抽象しようとする。
　　　イ　つながり具合が同じである時は，ねらいに応じて，同じ図形とみられることを用いようとする。
　　②　図形の性質や相互関係を明らかにするのに，図形を構成する要素に着目しようとする。また，何を構成要素とみればよいかを考えようとする。
　　　ア　辺，角，頂点，面などの対応に着目する。
　　　イ　どの要素で，形または大きさなどが決まるかに着目する。
　　　ウ　どんな図形に分解できるか，どんな図形から構成されているかなどに着目する。
　　③　図形の性質や相互関係を明らかにするのに，基本的な関係である平行，垂直，大小，相等や合同，相似などに着目しようとする。
　　④　図形は位置をかえても形，大きさは変わらないとみられることを用いようとする。
　　　ア　平行移動，対称移動，回転移動などの基本的移動を用いようとする。
　　⑤　数量の大きさを，図形の位置や大きさなどを用いて表そうとしたり，逆に図形や空間の性質を数量を用いて考えようとする。

⑥ ある図形をそれを含む図形や空間の考察を通して明らかにしようとする。

⑦ 概形や概略の位置関係などをおさえて見通しを立てたり，確かめたりしようとする。

(4) 統計における考え

① 物事を資料に基づいて考えようとする。

② 蓋然的な事象に対して集団について観察した資料を適切に分類整理したり，適切なグラフに表すことによって，この特徴や関係をとらえようとする。

③ 資料の信頼性を検討し，できるだけ信頼性のある資料を用いようとしたり，資料の信頼度を考えて判断処理しようとする。

④ 分布の様子や特徴を調べようとする。

⑤ 統計的な考察処理で，適切な標本を選びこれをもとにして母集団についての知識を得ようとする。

⑥ 一定の条件のもとで，多数の資料を求めることによって，ある事柄の表れる割合が次第に安定してくるということを用いようとする。

⑦ 数学的な確率を用いようとする。

(5) 関数における考え

① 他の集合や他のものにおきかえて考えようとする。

② 何をきめれば何がきまるかということに着目する。

③ 変数の考えを用いようとする。

④ 集合，変数，順序，対応の考えを用いようとする。

⑤ 関数関係を見出したり，わかりやすく表したり用いたりするために，適切な表，グラフ，式などを用いようとする。

⑥ 独立変数，従属変数，対応の規則の二つから一つを求めようとしたり，独立変数と従属変数を交換しようとする。

(6) 集合における考え
　① 考察の対象を明確にしようとする。
　② ひとつのまとまりとしてみようとする。
　③ ある集合の要素がどんなものであるかを明らかにしようとする。
　④ あるものの考察において，それを含む集合と関係づけてみようとする。
　⑤ 他の集合と関係づけてみようとする。
　⑥ 互いに共通要素のないいくつかの部分集合の集まりとみようとする。
　⑦ 集合にはいらない要素にどんなものがあるかを考えたり，それらの要素からなる集合の条件を考えようとする。

　これをみてもわかるように，いかに包括的であり，またそこに独創的な考え方がなされているかがわかる。
　ただ，あまりにその数が多く，とてもこれを実際指導に生かしていくことができないという問題があった。

§2　数学的な考え方についての先行研究のまとめ

　§1で多くの人たちが，どんな数学的な考え方またはこれに類するものをあげていたかをみてきたが，ここでこれらをまとめることにする。
　まず§1であげた著者名または書名を次のように略記する。

秋月康夫……………………………………………………………A
数学的な考え方と新しい算数……………………………………N
新算数指導講座……………………………………………………S
The Growth of Mathematical Ideas ……………………………I
算数数学への新しいアプローチ…………………………………Ap

第Ⅲ章　数学的な考え方についての先行研究　111

水戸市立石川小学校……………………………………………Is
香川県算数教育研究会…………………………………………K
渋谷区立常磐松小学校…………………………………………To
白河市立白河第一小学校………………………………………Si
美祢市立大嶺小学校……………………………………………O
東予市立壬生川小学校…………………………………………Ny
G. Polya　………………………………………………………P
S. Brown & W. Marion ………………………………………B
L. R. Chapman　………………………………………………Ch
G. L. Musser & J. M. Shaughnessy…………………………M
W. A. Wickelgren………………………………………………W
J. F. LeBanc……………………………………………………L
A. H. Schoenfeld………………………………………………Sc
S. Krulik & J. A. Rudnik……………………………………Kr
R. Charles & F. Lester　……………………………………C
原　弘道…………………………………………………………H
菊池兵一…………………………………………………………Ki
川口　廷…………………………………………………………Kw
東京都立教育研究所……………………………………………T

　これらにあげられた考え方やストラテジーを，本書が次章以下で示す方法に関係した数学的な考え方，内容に関係した数学的な考え方，数学的な態度の3種に対応させ（これらにいれられないものもある），それぞれをあげている著者，書名を示していくと，次のようになる。

〔方法に関係した考え方〕
　抽象化　N, S, I, Ap, Ch, Ki, H, Kw, T
　具体化　S, Sc, C, T
　理想化　Ap, M, P, T

条件の明確化　Ap, C, L, Sc, Kw

単純化　Ap, M, P, Ki, Sc, L, Kr, C, Kw, T

一般化　A, N, S, I, Ap, Ch, P, Ki, Sc, C, Kw, T

特殊化　P, M, Sc, T

記号化　A, N, S, I, Ap, P, Ch, Ki, H, T

数量化　A, S, I, Ap, P, Ki, T

図形化　I, Ap, Ch, Ki, Sc, L, Kr, C, T

演繹的（公理的）　A, N, I, Ap, Is, M, W, P, Ki, L, C, Sc, Kr, H, Kw, T

帰納的　A, N, S, I, Ap, Is, Ch, M, W, P, Ki, L, Sc, Kr, C, Kw, T

類推的　N, S, Ap, Is, Ch, P, Sc, Ki, C, T

統合的　S, K, O, Si, P, Ki, H, T

拡張的　N, S, I, Ap, Ki, H, Kw, T

発展的　S, K, O, Si, P, Sc, H, T

構造化　N, S, Ap, Kw, H

形式化　Ki, Kw

数理化　S, Ap, K

逆向きに考える　M, W, Kr, C

試行錯誤　M, W, L, Kr

パターン探求　M, L, Kr, C

〔内容に関係した考え方〕

関数の考え　N, S, Ap, To, B, P, Ki, H, T

式の考え　I, Ap, To, L, Sc, Kr, C, T, Ki

統計の考え　N, S, I, T

集合の考え　N, S, To, H, T

測定の考え　N, I, Ap, T

単位の考え　S, To, T

位取りの考え　S

基本法則の考え　I, To, T

概数，概算　I, T

表現の考え　I

操作の意味　To, T

極限　S

アルゴリズム　S

〔数学的な態度とみられるもの〕

自主的な態度　Ny, T

合理的，論理的　S, I, K, Ny, Is, T

見通し　Ch, Sc, L, Kr, T

明確簡潔　Ny, H, Kw, T

思考の節約，美化　S, Ny, Ki, T

これをみると，方法に関係した考え方はほぼまとまっているとみられるが，その数が多く，これをどうまとめるかが問題であろう。それに対して内容に関係した考え方は，関数の考えと式に関する考え以外はまとまったものがないと言える。これにどんな考えがあるか考究することが仕事となる。また数学的な態度も極めて少ない。

第IV章

数学的な考え方の内容

§1 数学的な考え方・態度についての基本的考え

　数学的な考え方・態度を指導するには，どの場面でどのように指導するかを考えなくてはならない。そのためには，数学的な考え方・態度の具体的な姿をまず明らかにしなくてはならない。そしてそれらを個々バラバラにしておかないで，それらの関係をとらえ，それを構造化する。これによってどこでいかなる考え方をどのように指導したらよいかがとらえられてくるであろう。このようなことから，本章で数学的な考え方をどのようなものとするかをここで具体的に示す。しかし先行研究でみられたように，考え方や態度のとらえ方は，研究者によって同じではない。それはどんな立場から考え方や態度をとらえるかという，とらえる立場が人によって異なるからであろう。そこで，まず，本書での数学的な考え方・態度の意味の規定の仕方に対する基本的考えを示すことが必要である。このようなことから，第1節で数学的な考え方・態度の内容のとらえ方の本書の基本的考えを示す。

　それは次のようないくつかの考えである。

1 構えに着目

　実際にどういう状態にある時，その考え方や態度をしているとみるかという問題がある。それは数学的な考え方の例として[1]「十進位取り記数法と結びつけて，小数点を左に移動する意味が考えられる」といったとらえ方や，態度の評価として[2]「対応する頂点を見つけ，合同な四角形がかける」といったあげ方をしているものがある。しかしこれらは考え方や態度というより，知識や技能である。すなわち，考え方や態度と知識・技能との違いが明らかでなくなっているのである。

　ところが，例えばある問題に対して，「その方法や結果の見通しを立てようとしている，そのために既習の事柄から類推しようとしている。しかしそれがうまくできない」子がいるとする。一方このようなことをまったくしようとしていないが，指導者から「見通しを立てよ，類推せよ」という意味のことを指示されたら，これを正しく行ったという子がいる。この後者は知識・技能はあるといってよい。しかし指示されなければできないということは，もちろん望ましいことではなく，知識・技能以外のなんらかの力が不足しているのである。それは数学的な考え方や態度が不十分なのだとは言えないだろうか。これに対して前者は数学的な考え方・態度はあるが，これを生かす知識や技能が不十分であるといってよいだろう。もちろん前者のように考えて，後者のように解決できることが，考え方・態度が身についている望ましい姿である。

　秋月康夫が[3]「数量的考え方……こういう態度の中に数学的な考え方が潜むであろう」といっており，また赤攝也が[4]「数学的な考え方は，また，一つの『態度』であるといってよかろう」といっているのも，この基本的考えを支えるものである。

　オルポートらもいっているように（第Ⅵ章§1の1を参照），態度はある一定の物の見方，感じ方，行い方をするように準備され，構えられているものであり，情緒的なものであり，ある行動を指示するはたらきをもつものである。

前の例からもわかるように，ある問題に対してこれこれの考え方や態度が使われるとか，これこれのストラテジーが使われると決められるわけではない。問題によってまたそれにアプローチする人によって異なるものである。したがって，どんな方法態度がとられるかを考えるには，ストラテジーや一般的方法といった変数だけでなく，問題という変数と人という変数を常に考えて場面を生々しいものとして考えていかなくてはならない。これが極めて重要な点である。そこで，数学的な考え方・態度は，「……しようとしている」という**構え**(set)をしているかどうかに着目してとらえるものと考えるのである。

この点について，この考え方と非常に近い概念にメタ認知がある。これは最近認知心理学において熱心に研究されてきているものだと言われている。

そこでこのメタ認知について簡単に考察し，これが，数学的な考え方・態度の特徴をとらえる助けにならないかをみてみる。

メタ認知という概念の意味規定については，[5]「未だ衆目の一致する定義があるわけではない」が，メタ認知研究の中心的人物であるJ.H.Flavellによると，[6]「メタ認知とは，その人自身の認知過程と所産，あるいはそれらに関連したことすべて（例えば学習に直接関係する情報やデータの属性）に関する知識を指している。例えば，自分にはBの学習の方がAの学習よりも難しいことに気付く，Cを事実として受け入れる前に二度点検しておくべきであるという考えが念頭に浮かぶ，多肢選択型の課題課題で，最善のものを選ぶ前に全部の選択肢をそれぞれ詳しく吟味した方がよいと考える，Dということを忘れてしまうかもしれないのでそれを書き留めておいた方がよいと感じるといった場合に，私はメタ認知（メタ記憶，メタ学習，メタ注意,メタ言語，もしくはその他のあらゆるメタ）に携わっているのである。とりわけ，メタ認知とは，認知過程がかかわっている認知の対象あるいはデータとの関連で，通常は何らかの具体的な目標や目的にしたがって認知過程を積極的にモニターし，その結果として認知過程を調整し，初期の効果を得られるように

編成することを指している」。

　メタ認知は主にメタ記憶について研究されてきているが，上の引用からもわかるように，メタはあらゆる面に関係するものであるという。そして，このことは[7]「数学的な課題をうまく解決するにも例外ではない」ということで，数学の指導におけるこのメタ認知を考え，これと数学的な考え方・態度との関係を考えておくことが必要と考えた。

　メタ認知は，[8]「自分や他人の認知していることについて知ること」と「自分の認知について調整すること」であり，この後者が特に興味のあるところである。それは上のFlavellのいっていることからもわかるように，[9]「能動的なモニタリングとその結果としての認知過程の調整や調和的遂行である」。

　そしてこのメタ認知には3つの変数が相互に関係し合っているとみなされている。

　その一つは[10]「人（自分）という変数である。これは，それぞれの人の情緒的性質と，信念（Belief system）である。一般的な，またある問題についての，自分自身の能力の可能性や限界についての評価でもある」。

　その2は課題という変数である。[11]「課題の性質ないし定義についての認知である。つまり，その課題はどのような処理が可能なのか，どのような処理を要求しているのか，についての認知である」。

　その3はストラテジーという変数である。これは[12]「理解し，組織立て，計画し，これを実行し，チェックし，評価するのに役立つストラテジーについて，人が知ることについてである」。すなわちわかる，理解することをどういう状態と考えるかということである。

　これら3つが関係し合ってのはたらきがメタ認知である。そしてLesterは，[13]「これが問題解決行動のあらゆる面で認知活動に関係し，問題解決過程を通して，Guiding Forcesとしてはたらく」と考えられるものであるという。さらにSchoenfeldやSilverは，これをDriving Forcesといっている。

　このようにメタ認知は，認知をモニターし，調整し，調和的遂行をする

Guiding (Driving) Forcesであるといえるものという点で，本研究で考えている数学的な考え方・態度と極めて近いものとみられてくる。

なおBelief System（信念）は，数学に対するまたは数学学習に対する態度とほぼ同様なものとみられる。

[14]そこで数学的な考え方・態度と同じとみるかどうかをもう少し検討する必要がある。そのためにメタ認知の具体的姿をみることにする。

この点について，レスターが具体的例を示しているので，これを検討する。

彼は，本研究でも前にあげたポリヤの問題解決の4段階のモデルについて，これは[15]「ヒュウリスティックスや技能を使う能力を与えることが，よい問題解決者にすることであると考えている」。しかし「数学を教えている者や，数学を研究している者は誰でも，これらの力を使う基に（他の）多くの知的活動があることを知っている。メタ認知は，その活動の重要な部分である」「ポリヤのモデルのこの欠点からの不幸な結果は，主にそれに基づく研究がメタ認知を無視したということである」「彼のモデルは，ストラテジーという変数を考えているが，人と課題という変数を考慮していない」「学生の問題解決力を改善していこうとした多くの努力の失敗は，ヒュウリスティックスの技能を強調しすぎて，そのために学生が自分自身の活動を調整していくという管理的な技能を無視したことである」という。このようなことからポリヤのモデルにある認知的な要素に，それに相互関係を持つメタ認知的な要素を加えた改善案を示している。そして，この2つの流れがよりよくわかるようにということから，ポリヤの4段階の項目の修正したものを示している。

このレスターの修正案の初めの部分をあげると，次のようである。

[16]

認知的カテゴリー	メタ認知的決定のサンプル
方向付け：問題を評価し，理解するための方略的行動	キーワードを求めよう：それは，することを教えてくれる。この問題に
A．理解の方略	ある数は私には大きすぎる。これは

第Ⅳ章 数学的な考え方の内容　119

| B. 情報の分析
C. 最初の部分的表現
D. 困難さや成功のチャンスの評価
組織化：（以下は注に示す） | あの問題と似ている。この問題を解くのにどうしたらよいかわからない。数がたくさんありすぎる。前にこれと似た問題をしたことがない。 |

　例えば，「この問題にある数は私には大きすぎる」「これはあの問題と似ている」というのは，それぞれ人や課題の変数に当たるメタ認知である。そしてこれから，「小さい数にしてみる」とか「似た問題と同様な方法をしてみる」というストラテジーがなされるようにみえる。この点でこれは，Guiding Forcesと言えよう。しかしこれらのメタ認知は，「数が大きすぎる」とか「あの問題と似ている」という「理解」をしていると言えることである。シェンフェルドが「大部分の学生は，非常に多くのメタ認知的技能や数学的認識をほとんど伸ばしていない。それはおもに数学の指導が，理解よりも事柄や手順のマスターに焦点を当てているからである」といっているように，メタ認知は，主に理解の面のことであるとみられる。「数が大きすぎる」という理解から，直ちに自分の力にあった大きさの数にしてみようという活動ができるとは言えない。「自分の力にあった問題にできないか」，そこで「もっと単純化してみよう」と考えることによって，認知的な行動が起せるのであろう。また問題に遭遇した時，「筋道を立てて考えよう」とし，そこで「既習の問題が使えないか」「それと似た問題と同じようにできないか」と考えることによって，「これと似た問題をしたことがないか」とか「似た問題を思い出す」というメタ認知的行動が引き出されるのではないか。そして「それと同様にしてみよう」という考え方がなされる。確かにGuiding Forcesとしてのメタ認知は大切である。そこでさらにこれを引き出す基になるForcesを考えることがさらに必要だとみられる。それは理解以前のもので，問題に対した時の構えと言ってよいものであろう。これが数学的な考え方であり，さらにそのもとに数学的な考え方のGuiding Forcesとしての数学的な態度を考えるので

ある.この意味で考え方や態度は,「……をしようとする」というとらえ方が適当であろうと考える.そしてここでいう「数学的な態度」は数学的な考え方の Guiding Forces になるもので,「数学的なメタ考え方」(Mathematical Meta-Thinking) と言いたいものである.

2 外延的定義によるとらえ方

次に数学的な考え方・態度の意味規定をどのようなしかたでしていくかということである.これは数学的な考え方・態度の概念規定のしかたといってもよいであろう.

[18]「概念はそれによってよばれる事物の集合,すなわち外延をもつとともに,これらの事物が共通に有する性質,すなわち内包をふくむ」.先にも述べたように,数学的な考え方や数学的な態度のとらえ方は多様である.しかも数学的な考え方・態度の育成を算数・数学教育の目標として考えるのだから,これについて,**内包的定義**をして,これを子供たちに教えても,数学的な考え方や態度が伸びることは期待できない.またこれは構えともいってよいものであるので,このような定義的な文を憶えること自身は考え方や態度ではない.態度については,後に引用する(第Ⅵ章§1の1)オルポートの定義[19]のように,その特徴をよくあげており,参考になるものもあるが,これを実際の指導の対象にした時には,やはり具体的な内容がわからなければ,どこでどのように指導したらよいかはわからない.また内包的定義の価値が少ないからといって,これをただ標語的に「数学的な考え方・態度」として漠然ととらえていたのでは,ますますどこでどのような指導をしたらよいかがわからない.

そこで帰納的な考え方とか,簡潔明確に表現しようとする態度といった具体的内容を列挙し,それらを含むものを数学的な考え方や態度と考えるといった規定のしかたをする.いわば**外延的定義**といったとらえ方をする.そこで,できる限り分析的に具体的にその内容をとらえていくようにする.

3 算数・数学で指導したい考え方・態度

指導の目標としての数学的な考え方・態度は，各教科の指導でねらいとする考え方・態度の一つであるので，他教科での考え方・態度との関係を考えなくてはならない。

算数・数学科の対象と考えられる考え方・態度として，

① 算数・数学科でなくては指導できない数学特有の考え方・態度
② 算数・数学科で指導したほうがよい考え方・態度
③ 算数・数学科でも指導できる考え方・態度

といったカテゴリーがいちおう考えられる。しかし①に限られるものに何があるかを決めるには，他教科のことに精通していなくてはできないことであり，数学でだけ指導できると言いきることは難しいことである。また③ではその範囲があまりに大きく漠然とし，目標として取り上げるにはその必要性の薄いものも含まれ，広すぎると考えられる。数学的にみても価値があり算数・数学科で指導する機会が十分にあると考えられる考え方・態度であれば，他教科で指導されるものであっても，算数・数学科で指導の目標とするのが適当であろう。このようなことから，②の立場をとることとする。

すなわち本書では，算数・数学科の指導の目標としての数学的な考え方・態度は，「算数・数学の指導で育てるべき，あるいは育てたい考え方・態度」と考える。自主的に算数・数学の内容を理解し，算数・数学的問題を形成し，解決，発展させていくことができるために大切な考え方・態度ととらえる。

例えば，理科教育では科学的思考力，科学的な考え方ということを強調するであろう。そして[20]「科学的思考……を合理性と実証性とを性質とする思考様式と解する」。科学的思考の特徴は「その一つは，筋道を通して思考するという性格であり，その一つは，事実に即して思考するという性格である」。そして，例えば筋道を通して思考するとは，帰納的な考え方や演繹的な考え方

が，また実証性には具体化や抽象化が関係する。」

また，栗田一良も,[21]「科学的思考を論理的と直観的とに分けたりしているのですが，……演繹，帰納，類推といった思考のしかたはすべて論理的，分析的なやり方であって，そういう思考方法が探求過程でもちろん使われます」といっており，関利一郎も同様に[22]「科学のほうでも，論理的思考の中に帰納，演繹というのが入っているわけです」といっている。

このように帰納的な考え方や類推的な考え方などは科学的思考の重要なものである。しかしこれらを算数・数学科で育てたい数学的な考え方・態度から除いてしまうことはできない。なぜならこれらは，ポリヤの著書『帰納と類比』を改めて引用するまでもなく，算数・数学の研究，学習に重要な考え方であるとみられるからである。そしてまた指導を受ける子供たちの立場からいっても，教科が変わるごとにまったく異なった考え方や態度をとらなくてはならないということでは，学習が極めて難しいこととなる。むしろ同じような考え方・態度で学習するということが望ましいことであろう。このように他教科で育てたい考え方や態度と重複があることを認めながら，算数・数学科で指導することが望ましい考え方・態度を本書で取り上げる数学的な考え方・態度とする。

§2 数学的な考え方の内容把握についての基本的考え

1 数学的な考え方の具体的内容をあげる観点

前節の基本的考えを受けて，**数学的な考え方**の具体的な内容をどのような観点からあげたらよいかを考える。

前章の先行研究では，帰納的な考え方，類推的な考え方，演繹的な考え方，統合的な考え方や抽象化，数量化などの考え方などなどが，数学的な考え方としてあげられている。また単位の考えとか位取り記数法の考えといっ

た考えもあげられている。しかしこれらには異なるカテゴリーに属すると考えたほうがよいものがみられる。この点についてその基本的考えを述べる。

　例えば，小数の乗法2.7×4.3のしかたが問題になったとする。この時既習の似た計算2.7×43，270×430，2700×43などを思い出し，これらがいずれも27×43を計算し，その後で小数点の位置を適当に決めればよかった。このことから，2.7×4.3も27×43を計算し，その後で小数点の位置を考えればよいだろうと推測する。これは類推的な考え方である。しかしこの類推的な考え方は，例えば直方体の対角線の間の関係を考えるのに，これと似た既習の図形，長方形について，その対角線の関係「長さは等しく互いに他を2等分する」ということを思い出し，これと同様な性質があるのではないかと考えるといったようにも使われる。このように類推的な考え方は，数とか図形といった内容に関係なく，数学的な事象（数学に限らないが）を考える時に用いられる方法を支えている考え方といってよい。この点については，帰納的な考え方，統合的な考え方，発展的な考え方などについても同様である。

　また，3人の人，3個のりんご，3本の鉛筆などから共通な性質を抽き出そうと考える。これから〝3〟という数の概念の第1歩ができていく。この抽象化の考え方は，図形の概念でも，量の概念でも，計算の概念でもその形成において同様に用いられていくべき考え方である。すなわちこれも対象の種類に関係なく，ものを抽象するという方法を支えている考え方である。

　このように個々の内容に関係なく，数学の学習でよく用いられる方法に関係した考え方があることがわかる。

　これに対して，例えば位取り記数法の考え方というのは，単位の大きさを，位置という簡潔で無限の余地のある表しやすいものに置き換えて表すというアイデアである。また，ものの個数を数えたり表したりする時には，10ずつ，100ずつという単位にまとめるとよい。すなわち単位に着目するとよい。また83＋256といった計算のしかたも，位をそろえるというように単位

に着目するとよい。これらの内容は単位に着目するという考えに支えられているといってよいことがわかる。この単位の考えは，このような整数の計算だけについてのことではなく，$\frac{3}{5}+\frac{2}{7}$といった計算においても，単位である単位分数に着目しそれをそろえ，そのいくつ分かを考えればよいといったように，他の計算にもこの単位の考えが用いられる。さらに測定の場合にも，単位を例えば1cmのように決めてそのいくつ分かを考えればよいというように，この考えが使われる。また，図形においても，図形を構成している要素（単位）が何か，それがどんな関係にあるかといったことに着目することによって，平行四辺形などの特徴がつかまれていく。このように単位の考えは，測定や図形の考察にも重要であることがわかる。

しかしこの考えは数，図形，量，測定といった内容を直接支えている考えである。この点で帰納的な考え方などとは，別のカテゴリーに入るものといってよい。このように数学的内容に直接関係し，これを支えている考えがあることがわかる。

このように数学的な考え方には，数学的内容に結びついた面と方法に結びついた面とがあると考えられる。

数学的活動は，数学的内容についての数学的方法を用いての研究であることからも，この2面を考えるのが適当である。

このようなことから，**数学の方法に関係した考え方**と**内容に関係した考え方**とに分けて，数学的な考え方の具体的内容を考究する。ただし後者の考え方には，上述の位取り記数法の考えのように，それ自身重要であるが，ある特定の数学的な内容だけに用いられるものと，単位の考えのように，ある内容領域だけに関係するのでなく，いくつかの領域に共通して必要となる考え方とがある。前者は個々の内容一つ一つに関係したものであるから極めて数多くあると考えられ，これらを一つ一つ考察し，指導することは極めて煩雑であり，かえってその効果も期待できない。むしろ重要なのは，多くの内容に共通にはたらく考え方である。

第Ⅳ章　数学的な考え方の内容　125

そこで本研究では、数学の内容に関係した考え方として、小、中学校の算数・数学の各内容領域に共通な考え方を取り出すことに努める。

2　数学の方法に関係した考え方を考える観点

数学者が、特に数学の方法に関係した考え方として、これを論じているのではないが、数学者の主張に、この考え方が裏づけられるとみられるものがある。例えば、

(1)　G.Polyaは、先にも引用した"How to solve it"など、何冊かの著書で、

[23]「一般化、特殊化、類推、分解と結合、帰納、適当な記号を導入せよ、条件の一部を変えよ、逆向きに考えること、問題を変形せよ、証明できるか」その他[24]「2つの軌跡の重ね合わせ」（これらは単純化と見られる）などいくつかの有効な考え方とみられるものをあげている。

(2)　またW.Servaisは、数学的な活動という面から次のように述べている。

[25]「数学は1つの活動です。この活動の諸結果が、その時々における、数学的手腕の基礎となるのです。数学的な活動は複雑です。それらの間の推論関係は、3つの段階に区分することができます。すなわち、数学化、演繹、応用です。

今述べた形式的な分類も、この3つの過程の間に起こる様々な相互作用を説明しようとすれば、ゆるめられねばなりません。……第1の数学化は、数学の知識を持っていることは仮定されていません。まったく始源的な数学研究の源です。この最初の抽象こそが解決の鍵を与えるものであり、数学的な道具を経験的な応用に結びつけることができるものです」「数学化する時には、いろいろな抽象能力が使われます。例えば、単純化すること、本質的でないものを省くこと、型を見つけること、図式や線図、グラフなどに場面を置き換えること、対象や関係を記号化すること、関係や操作の組み合わせをとらえ、現実的な前後関係からそれを本質的に孤立させることなどです」な

ど，数学化のために，抽象化，単純化，本質でないものを省くこと，図形化，記号化等の考え方が用いられることを示している。

そして第2段階の演繹では，[26]「次のような一般的な問いが，どれほど数多くでているでしょうか。『私が今心に抱いている場面をどのように表現したらよいか』『これが仮定されているが証明できるだろうか』『これを論証するには何がわかれば十分だろうか』『この概念を1つの定義で，明確に効力をもつように奥深くなるように特徴づけるにはどうしたらよいか』『推測されることを，十分にかつ利益があるように，言葉で表すにはどう表せばよいか』『定式化されたいくつものものからどう選んだらよいか』『この論証は正しいだろうか』『どのようにして批判の試練を与えたらよいか』『どのようにして単純化し，明確化し，整理したらよいか』『本質をもっとよく表現するには，この概念，証明をどのように一般化したらよいか』『どのように特殊化したらよいか』」と一般的な重要な問いかけを示している。これは，表現のしかたを工夫すること，演繹的な考え方，単純化，明確化，式化，一般化，特殊化などの考え方・態度を育てるための重要な指導のしかたを示唆し，このような考え方・態度を指向した扱いが重要であることを示しているとみられる。

[27]「数学は，実在の構造を保持しているのであるから，従って同じ構造を示すすべての現象は同じ数学的構造によって記述することができる」「ある数学理論が完全である時，すなわちこの理論の2つの解釈が同型である時には，その理論の具体的な解釈が一見不調和であるように見えても，実際はそれらがその理論のモデルと認められる以上それらは同じ構造である。2つの同型な理論がある時，一方を他方の代わりに使うということは大切である」。このように，応用の段階で構造による統合的・発展的な見方，扱い方を強調している。

なお，統合的，発展的活動の数学での重要性については，W.Sawyerも強調している。

第Ⅳ章　数学的な考え方の内容　127

(3)　W.W.Sawyerは,[28]「ここまで論じてきたことは,すべて,数学の内容を拡大するようなことでした。パターンを探検し,各パターンの意義を説明し,既知のものと比較しつつ,新しいパターンを発見する。こういった活動の一つ一つは数学の内容を豊かにします。実際的な観点からいうと,いままで発見されたすべての結果をおぼえていることは困難ですし,関連のない定理を意味もなく集めたところで,美しいものはまずできません。実際家の立場からも,芸術家の立場からも,数学者はこうしたすべてのものを一つのものに集めたい衝動に駆られることでしょう。したがって,数学の歴史は拡大と統合のくりかえされた歴史です」と言っている。

(4)　正田建次郎も,数学教育において,次のように数学的な考え方や態度に当たるとみられることが大切であると強調している。

[29]「ものを数量的に見ること,さらに考えることによってより深く見ること,その能力を養うことが大切である」「見当をつけるということは頭の微妙な働きであり,その見当をつけるために極端な場合を考えて見当をつける材料にすることはよくあることである」「人間が物を考える時には,意識的にせよ,無意識的にせよ,類推によることが多い。よく考えてみると,ほとんどの場合,何らかの類推をたどっていると思う。類推の基になるのは知識と勘であり,この両者が相補いあって,そこに類推を見出すことができる」「たくさんの問題の型を覚え,機械的に単純な類推によって問題を解くことだけを覚えていたのでは,類推する思考力が失われてしまいかねない」と数量的に考えること,見当をつけること,極端な場合を考えるという特殊化と,類推を強調している。そしてさらに「大切なことは,数学を最も進んだ形で教えることでなく,数学的な,つまり,筋の通った考え方,掘り下げ方を身につければそれで十分だと思う」と,筋道立った考え方を強調している。また最後に,発展的にみることをあげている。

「自分で問題を見出しそれを解決する。これを続けていくことは数学を発展させる研究態度であるが,この態度を教育の面に活用できるならば,数学

の理解を助けるばかりでなく創造力を養うのに役立つのではなかろうか」。
　このように，数学の方法に関係した数学的な考え方や数学的な態度の育成が算数・数学の研究，学習で重要であるという主張がみられる。
　このように数学者の考えにも，数学の方法に関係した考え方といえる，類推，演繹，特殊化，単純化，抽象化，一般化，記号化，図形化，数量化，統合的，発展的などの考え方を強調していることがみられる。これらの数学者の考えと，前章で考察した先行研究にみられる数学的な考え方を基に，方法に関係した数学的な考え方を§3で取り出すこととする。

3　数学の内容に関係した考え方を考える基本的観点
　先行研究には，内容に関する考え方は，都立教育研究所とNCTMの年報と常磐松小学校の研究にみられるだけであった。そこでこれらのものを参考にしながら，小学校の算数及び中学校の数学で指導する内容を検討し，その内容を支える考えを探ることによって，小・中学校で指導するのが適当と考えられる内容に関する数学的な考え方を求めることとする。これを§4で考える。

§3　数学の方法に関係した数学的な考え方

1　帰納的な考え方
(1)　帰納的な考え方の意味
　平凡社の『哲学事典』によると，**帰納的な推理**とは，次のようである。
　[30]「観察された個々の事例を総括し，それらの事例の規定が必然的にそこから導出されうるところの一般的主張たる判断を確立する推理を帰納的推理とよぶ。また帰納的三段論法とよぶこともある。帰納的推理（帰納法）は完全帰納推理（完全帰納法）と不完全帰納推理（不完全帰納法）とにわけられる。なお帰納法の1つとしてほかに数学的帰納法がある」。

ここに，完全帰納法と不完全帰納法とがあることが示されているが，これはそれぞれ次のようなものである。

完全帰納法は，[31]「あるクラスに属するすべての個々の事例を列挙し，それらについてそれぞれ単独に主張される帰納的推理。しかしこれは既知の事実の記録にすぎず，新しい法則の発見にいたらない」。**不完全帰納法**とは，「多数の事例において見出される同一の主張を未知の同種の事例で成立するとみなし，それら事例のあるクラスについて一般的にその主張をかかげ，普遍的法則を発見する帰納的推理にして，その根拠としては通常自然の斉一性をあげる」。真に帰納法とよばれるに値するものはこれである。

したがって，不完全帰納法は次の図式で示される。

[32]n 個の場合に性質Pが成り立つことを前提として，
任意の x についてPが成り立つだろうと考える。

$$\frac{P(a_1),\ P(a_2),\ \cdots\cdots,P(a_n)}{(\forall x)\,P(x)\,(?)}$$

ここに述べられている完全帰納法，不完全帰納法はいずれも算数・数学でも用いられると言える。例えば，小学校3,4年生に対して，サイコロの向かい合った面の目の数の間にどんな関係があるかを見出させるのに，向かい合った面の目の数の対を作らせる。それは（1と6），（2と5），（3と4）となる。これらから「和が7」であることを見出させる。これは完全帰納である。実際の指導では，この完全帰納の考え方も指導されていると言える。

しかしポリヤが次のようにいっているように，単に帰納法といっている時は，不完全帰納法のことである。

[33]「観察や特殊な組合わせから，一般的法則を発見する手続きである。科学者は，ある一定の経験から最も正確な信念を引出そうとつとめ，一方では一定の問題についての正確な信念をうち立てるため，最も適切な経験を集めようとするものである。科学者がこの経験を処理するこの手続きは，ふつう帰納とよばれる。そして帰納はものごとの観察から始まることが多い」。いく

つかの経験があったら，それから一般的法則をみつけたり，さらにそのような法則を求めるために積極的にデータを求めて，一般的法則を求めていくことである。したがって，帰納は，ポリヤもいうように，典型的な形として，次のような段階をふむものである。

「ア　個々の事例の間の類似に気づくこと。

　イ　つぎに，すべての事例から，一般的関係を導く一般化の段階が続く。

　ウ　しかし，ここで大切なことは，この一般的関係（一般命題）は，単に一つの推測であり，暫定的なものにすぎないということである。このことを忘れてはならない」

そこで，**帰納的な考え方**とは次のような考え方であるととらえる。

問題を解決するのに，解決のしかたが見つからず演繹的に解決できない時などに，まず一般的ルール，性質を見出して，これをもとにして，当面の問題を解決しようとする時に用いられる考え方である。また，ある問題を解決した時に，それに止まらず，それをきっかけにして，一般的なルール，性質を見出そうとする時に用いられる考え方であって，

(1)　いくつかのデータを集める。

(2)　それらのデータの間に共通にみられるルールや性質を見出す。

(3)　そのルールや性質が，そのデータを含む集合（変数の変域全体）で成り立つであろうと推測する。

(4)　この推測した一般性が真であることをより確かにするために，新しいデータで確かめてみる。

といった考え方であると言える。

そして，(1)のデータを集める時に，(a)データを集めてからそれらを見渡してルールを見つけようとするという場合と，(b)データを集めながら一般性を予想し，その予想を確かめながらデータを集めていくという場合がある。

これらは，問題の難しさと帰納する者の力による。しかし一般には，(b)の方が進んだ望ましい考え方であると言える。

帰納は，推測であるから，見出した一般性が真であることをいうためには，演繹がこれに続かなければならない。しかし，特に小学校の場合は，子供の能力からいって，帰納したものを認めて用いていくことが多い。それだけに，前述の(4)の段階はいっそう重要である。

(2) **帰納的な考え方の例**

この帰納的な考え方を用いる場，指導する場は非常に多い。特に小学校算数に多い。それは，算数では特に，子供たちの具体的経験を基に，そこから，漸次一般的性質や法則を求めていくことが学習の基本的な姿であるからである。

【例1】 3,4年生に「兄と弟がカードを12枚ずつもっている。兄が弟に何枚あげたら，弟のカードが兄のカードの2倍になるか」という問題を，次のような表をつくって解かせたとする。

兄のあげた枚数	0	1	2	3	4	5	6	7	8	9	10	11	12
兄 の 枚 数	12	11	10	9	8	7	6	5	4	3	2	1	0
弟 の 枚 数	12	13	14	15	16	17	18	19	20	21	22	23	24

この表から，4枚あげればよいと解決した。そしてこの表から，改めて弟と兄との差が2ずつ増えることを見出したとする。これは帰納であるが完全帰納である。

【例2】 乗法九九表をつくって，この表から，
① 積の中で一つしかない数は主対角線上にある。
② 9の段では，10の位と1の位の数字の和が9になる。

といったルールを見つける。しかしこれも完全帰納であると言える。

【例3】 乗法九九の作成で，

$4 \times 2 = 4 + 4 = 8$

$4 \times 3 = 4 + 4 + 4 = 12$

$4 \times 4 = 4 + 4 + 4 + 4 = 16$

$4 \times 5 = 4 + 4 + 4 + 4 + 4 = 20$

といったようにいくつかの結果を求める。そのあとで，これらを見通して，「乗数が1ますと積は4ずつ増えること」を見出す。そして，これを用いて，4×6などを

$$4 \times 6 = 20 + 4 = 24$$
$$4 \times 7 = 24 + 4 = 28$$

と求めて，九九を手際よくつくっていくのは帰納的な考え方である。

【例4】 植木算「一列に等間隔に木を植えた時，両端の木の間の長さを求める」という問題では，まず木の本数と間の数との関係を明らかにしなくてはならない。そこで，下のような表をつくる。

木の本数	2	3	4	5	…	…
間の数	1	2	3	4	…	…

この表からきまりを見つける。すなわち，上の表で間の数は木の数よりも1少ない。したがって，本数がいくつの時でもこのことが成り立つであろうと考えて，

　　　　間の数＝木の数－1

というきまりを見つける。そしてさらに6本の時について，このきまりを確かめた上で，これを用いて問題を解決する。

このように問題を解決するために，一般的ルールを見つけよう，そのために，本数が2や3や4など特別な場合を調べ，そこから共通なきまりを見つけようと考えるのが，帰納的な考え方である。

【例5】 「紙をいつも合同な長方形だけができるように，一方の向きにだけ折っていく。7回折ると折り目は何本になるか」という問題を考えるのに，紙を1回，2回と折って折り目の数を調べる。そしてそれが1，3になることから折る回数を1回ずつ増やすと，折り目は2ずつ増えるだろうとか，増える数が2倍ずつになるだろうといった帰納をする。そしてこの予想に対して，3回折った場合，4回折った場合の新しいデータを求めて推測したルールを確かめる。そしてこれらの帰納は誤りであったことに気づくであろ

う。そこでさらにこれらのデータから，回数は 2^n であることを帰納していく。

このような例から，しばしば用いられる数学的な考え方である帰納的な考え方の指導について，次のようなことが言えよう。

(i) まず，最も基本的なことは，帰納的な考え方が有効な場面で，帰納的な考え方をしようとするように，指導することである。

帰納は，演繹的方法で解決できないような時に用いられることが多い方法であるから，まず，直接的方法ではうまく解決できない，解決が簡単ではないということを経験させ，意識させることが大切である。そして演繹的に解決できないからといって，単なる試行錯誤を行うのではなく，筋道立った行動をとろうとし，その結果，まず得やすい具体的なデータを求めて，それをもとにルールを見つけようという考えに進むようにする。そして，データを集めても，これを整理したり，整理しやすいようにデータを集めなければルールが見つけ難いということを経験させ，これを通して，データを整理しよう，整理するとよいということに気づかせていく。すなわち，簡潔明確に表そうという態度をもつようにする。このようにして，具体的データを集めること，これを整理することの必要をもたせ，これから共通な性質，ルールを見つけることのよさをつかませるようにするとよいことがわかる。これは例3，4にみられた。

(ii) 次に，帰納では，データに共通にみられる性質やルールを見出し，これが一般に成り立つであろうと推測するのであるが，その推測が，必ずしも正しいとは言いきれないのであるから，さらに新しいデータを求めて，これについて見出した一般性が成り立つかどうかを調べてみるという態度をとらせていくようにする。それも，なるべく極端な例をとってきて調べてみることが望ましいと言える。そして，たとえ指導者にとって既知の正しい一般性を生徒が見出したにしても，必ず新しいデータで確かめをさせるということが，帰納的に考える手順を知らせるために必要なことである。すなわち，疑

問の目でみる態度が帰納を支えるものであると言える。これは例5にみられた。

(iii) 帰納は、①具体的な場合がいくつも得られている。その後で、この一般性を求めようと考え、帰納しようとする時、②一般性を求めようと考え、データを集めるのであるが、そのデータを集めてから、その中にあるルールを見出す場合と、③ルールを予想しながらデータを集める場合とがある。

例3は①の例、例4は②の例であり、例5は③の例である。このどれを行うかは、問題の難しさ、これを解決する者の力に依存するのであるが、一般には、①は低学年で、②は中・高学年、③は高学年と中学校段階でなされることが多いと考えられる。

2 類推的な考え方
(1) 類推的な考え方の意味

類推は、[36]「ある特殊な場合より他の特殊な場合に及ぼす推理」「ひとつの類に属するある種または個についてもいえることは、同一の類に属する他の種または個体についてもいえるはずだというのが、＜類推＞つまり、類による推論の内容である」。すなわち、あるものまたは集合において成り立つことが、これと類似の（他のいくつかの点において、それと同じ性質をもつ）もの、または集合についても同様なことが言えるだろうと推論することである。これは、個物から個物を導こうとする転導推理の一種であって、論理的にはもちろん不完全である。

したがって、**類推的な考え方**というのは、
[37]「ある事柄Aについて、その性質または法則を知りたい、しかしそれがわからないという時、Aと似よりの既知の事柄A′を思い出し（A′については性質または法則P′が成り立っているとする）、そこでAについてもP′と同様な性質またはルールPが成り立つのではないか、というように思考を進めていこうとするものである」ととらえられる。

そして類推には，結果を類推する場合と，方法を類推する場合，およびその両方を類推する場合とがある。この類推を使う場面は非常に多い。教科書の例題の解法を知った時，そのあとの適用練習で，その方法を適用してみようというのも類推である。

そして上にあげた程度の類推に始まって，非常に程度の高い数学的正確さをもって行われる重要な場合へまで発展していくことが考えられる。その場合について，ポリヤは次のように述べている。

「[38] ア　数学的対象の集合S及びS′があるとし，Sの対象相互の関係とS′の対象相互の関係とが同じ法則に従うものとする。このようなSとS′の間の類推，例えばSとして長方形の一辺をS′として直方体の面をとればよい。

イ　2つの集合S及びS′の間にある関係は，そのまま1対1に対応するものとする。すなわち，これは一方の集合Sの対象相互の間にある関係が成立するならば，他の集合S′のこれに対応する対象相互の間には同じ関係が成り立つということである。2つの集合の間のこのような関係は，非常に正確な種類の類推である。それは同型あるいは完全同型とよばれる。

ウ　2つの集合S及びS′の間にある関係は，1対多に対応する。例えば群論のような高等数学の部門で重要であるが，このような関係は段階的同型（類型）とよばれる」。

この段階までくると，類推の数学におけるはたらきは，ますます重要な位置を占めてくることがわかる。この点からも数学的にも，類推的な考え方を伸ばすことが，重要であると言える。

(2)　**類推的な考え方の例**

【例1】　小数の乗法（乗数が小数）を初めて学ぶ時，7.25×5.3の計算のしかたが問題になったとする。

そして，これがどのようにしてよいかがわからないということを経験したとする。そこで，

「これと似た計算をしたことがないか」

と自らに問い，

「7.25×53, 7250×530……」などを思い出す。

そして「これらの計算はどのようにしたか」

「これをもとに，どのようにしたらよいと思うか」

と自らに問うことによって，

「7.25×53や7250×530の計算では，まず725×53を計算し，それから小数点の位置を決めた。そこでこの計算も725×53を計算して，小数点をどこにつければよいかを考えればよいだろう」と類推することが可能となる。

このように，問題の解決についての見通しを立てるには類推が有力となる。これによって，「どんなことがいえるか」という**決定問題**が，「このことがいえることを明らかにしよう。これを証明しよう」という**証明問題**に変えられるのである。これは見通しをもとうとする態度からでる考え方の一つであることがわかる。証明問題は目的が明らかになっているので，一般に決定問題よりやさしいのである。

【例2】

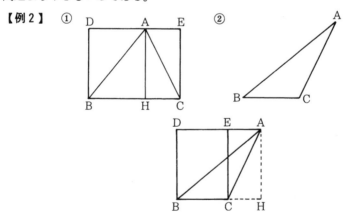

今，①の三角形ＡＢＣについては，その面積が底辺×高さ÷2で求まることがわかっているとする。そこで，②の三角形ＡＢＣの面積も①の三角形と同じように，底辺×高さ÷2で求められるのではないかと予想（類推）したとする。

それでは，どうすれば②の場合も底辺×高さ÷2で面積が求まるといえるかを説明することへ進む。

　①の場合には，前の図で△ABH≡△BAD，△ACH≡△CAEであるから，三角形ABCの面積（△ABH+△AHC）は長方形の面積（2（△ABH+△AHC））の半分であると考えた。だから，②の場合もこれと同じやり方をすればよいのではないかと類推する。

　そこで，③のように，AH，BHを2辺とする長方形DBHAをつくる。次に，AH，CHを2辺とする長方形ECHAをつくる。この2つの長方形の面積の和が三角形ABCの面積の2倍になっているのではないかと類推する。ところが，③の場合はどうみても2倍になっていそうもない。そこで今度は長方形DBHAから長方形ECHAをひいた長方形DBCEの面積が，三角形ABCの面積の2倍になっていないかどうか考えてみる。そして三角形ABCは三角形ABHから三角形ACHをひいたものだから，確かに2倍になっていることがわかる。

　このように，②の三角形の面積の求め方も，①の説明のしかたから類推すれば比較的容易にできる。

　そこで②の場合を解決するのに，「今までにわかっていることでどんなことが使えそうか」という見方をし，そのことから「それと同じようにできないか」「その方法をたどってみよう」と考えていくように（類推的な考え方）する。そして指導では，このように考えていくように上のような質問をしていくことがよいということもわかる。

【例3】　合同を5年で学習し，6年になって対称，相似の学習をする。この場合について考えてみよう。

　合同の学習では，①2つの図形を重ねてみてぴったり重なるかどうかを調べた。②そして（「ぴったり重なった」ということは，数学的には意味が曖昧である）時には重ねられない（移動できない）場合もあるし，この操作は面倒なこともある。そこで，この操作から発展させて，対応する辺や角の大き

さが等しいかどうかを調べればよいことを明らかにした。③さらにすべての辺や角を調べることは面倒であるということから，三角形の場合に，いわゆる合同条件を見出した。

そこで，例えば，拡大・縮小の時も，一方が他方の拡大図や縮図になっているかどうかは重ねてみたらどうだろう。さらに重ねないで，対応する辺や角の大きさを比べてみればよいだろう。そしてさらに，例えば三角形の時に，すべての辺や角を比べなくとも，その一部を比べればわかるだろう。その条件は，三角形の合同条件と同様ではないだろうか（3辺の関係，2辺とその間の角の関係，2角の関係のように）と考えていくなら，これは合同の学習から，拡大・縮小の学習を類推によって自主的に進めたということになる。

上述のいくつかの例から，類推的な考え方をとらせ，そのよさを体験させていくための留意点として，次のようなことがわかる。

（i）すでにみたように，問題が直ちには解決できなかったり面倒な時には，結果や方法について見通しをもとうとする態度をとることである。そしてそれによって，

・この問題と似たものをしたことがないか
・それとこの問題は同じことがいえそうか
・それと同じ方法でできそうか
・その方法をたどってみよう

といった示唆によって，類推をしようとする考え方に進む。

この点について，ポリヤが問題解決の過程の第二段階，「計画を立てること」において，指導者がする望ましい質問と，学生にさせたい望ましい思考の進め方として，一般的ストラテジーをあげている。この中で類推に関する部分として次のものがみられる。

[40]「◇似た問題を知っているか。

　◇未知のものが同じかまたはよく似ているみなれた問題を思い起こせ。

◇似た問題ですでに解いたことがある問題がここにある。それを使うことができないか。その結果を使うことができないか。その方法を使うことができないか。

◇もしも与えられた問題が解けなかったならば，何かこれと関連した問題を解こうとせよ。もっとやさしくて，これと似た問題は考えられないか。……類推的な問題は？」

これらは，いずれも類推する時の基本的な着眼点である。したがって，また指導者が生徒を助ける時の基本的な発問のしかたであると言える。これは既知のものに基づいて考えようとする態度が支えとなり，それによって上述のような質問へと発展すると言えよう。

(ii) 類推は，常に正しいことを類推するとは限らないのであるから，そこで，類推したら，必ずそれを確かめることが必要である。さらに，可能な限り，その類推した結果を演繹的に証明（説明）するようにすることが望ましい。

「いまいえると考えたこと（結果）は本当に正しいのだろうか」という疑問をもち，自己の問題として，これを筋道立てて考えようとする態度が大事である。その態度から，「いま同じようにできると考えた方法が本当に使えるだろうか」「既知の方法と同じようにたどってみよう」「類推したことが正しいだろうか，それを証明してみよう」というような演繹へと発展する。

3 演繹的な考え方

(1) 演繹的な考え方の意味

演繹的な考え方をどのような意味にとらえるかを考える。

[41]「演繹というのは広い意味では，前提として与えられたいくつかの命題から，論理的規則を用いて，厳密に必然的結論を導きだす方法である。また，狭義には一般的主張から特殊な主張へ進む推理とみられることもある」。

演繹的に推論する時は，何よりもまず前提が何か，また用いられる根拠となる命題は何かを明確に意識することが必要となる。

とはいえ,中学校の数学では,その根拠となる命題 —— 公理 —— を予め明確に定めてから出発するわけではない,定義さえ十分になされてからというわけでもない。

例えば,正・負の数の乗法もその定義をきちんとしてから出発しているわけでもないし,立方体や直方体の定義も,また時には2平面のなす角も明確に定義していないこともある。この意味で,完全に演繹的に数学の学習がなされているのではない。むしろその場その場で明らかだと認めてよいことをもとにして,ある命題を演繹するというローカルな演繹である。

ましてや,小学校での算数ではなおさらである。小学校での多くの演繹的推論は,その根拠が操作であり,実際の経験であり,図であったりすることが多い。そして,その推論も1ステップか2ステップの程度のものに留められることが多いといってよい。

したがって,公理的方法が必ず取り入れられているというわけではないし,真正面から,構造に注目させるわけでもない。しかし,公理的な方法,構造を目指しての指導をすることは意義のあることであり,個々の場面で,その構造をとらえていくという努力をするという経験をさせることは大切である。しかし公理的方法を小・中学校で指導することは,前述の先行研究で秋月康夫もいっているように難しいことである。そこで本研究では**構造的な考え方,公理的な考え方**の重要性を十分認めながらこれを演繹的な考え方に含めて取り上げることとする。ここで公理的方法というのは,

[42]「まず題目を選ぶ。次に,定義なしのままにしておく用語と公理になるべき命題とを選ぶ。そして,最後に,必要に応じて新しい用語を導入しながら,定理を証明する」「これで一般的な形で公理的方法を記述したことになっているのである。このように定式化してみると,この行き方が古典的な公理的方法の用い方とどんなに違っているかを注目されたい。古典的な用い方だと,公理は絶対的な真理物質空間に関する絶対的に正しい命題であり,必然的な性格のものだと見なすのであった。過去においては,平行線公理…を述

第Ⅳ章　数学的な考え方の内容　141

べることは"明らかな真理"を述べることにほかならないとされていた」「しかし，公理とは，なにかある題目についての命題にすぎない，という見地に立って，違う公理系に属する公理が互いに矛盾しても，それはただ公理を取り出したもとになる題目の間に基本的な相違があるということだけのことなのだ，と考えると，別に根本的な困難などないことがよくある。大事なのは同じ公理系のなかの公理が互いに矛盾しないことなのである」

　そして，構造というのは，次のようなものである。

(43)「集合Eの上の算法，Eにおける2項関係，Eのベキ集合の部分集合，Eから与えられた集合への写像等についての性質が与えられた時，Eは（数学的）"構造"をもつ，という。例えば，代数的な構造というのは，1つまたは複数の算法が与えられ，算法について，分配法則などのある関係が与えられることを意味する。このようにして，群，環，束，線形空間の構造を得る。順序関係を与えることは，順序集合の構造を定めることである。位相を与えると位相空間の構造が，距離を与えると距離空間の構造が定義される」。

　集合を考え，この集合に算法や順序，位相などを導入し，これについての，ある性質を定めることによって構造が得られるのである。

　したがって，集合に着目し，その基本演算や関係をとらえ，それがいかなる条件をみたすものかを明らかにしていこうとするのが構造の考えである。

　このような経験を深めていくようにすることが大切である。このような構造の考え方や公理的な考え方を演繹的な考え方で共に取り上げていくこととする。

　またこの演繹的な考え方に含めて考えるのが適当と考えられるものに，解析的思考と総合的思考といわれるものがある。

　解析というのは，解析学，解析関数などの用語として用いられているが，ここでは，総合的思考に対するものとしての解析的思考について考える。この意味での解析的ということの意味をまず考えておく。

(44)「17，8世紀頃から，主として代数的計算を用いる分野を解析とよび，幾

何学においてユークリッド原本のように直接図形を扱う方法を綜合的とよぶようになった。解析幾何学と綜合幾何学である。17世紀後半になって微分積分学及び，それに続く部門が解析と称される。関数解析学などに発展し，解析関数といった概念に広げられている」「そもそも幾何の作図問題では，求める図形が得られたと仮定して，それから必要条件として，その図形，またはそれに関連する図形の満足すべき性質を見出す段階が解析である。これに対して綜合は，作図題の作図と証明の段階である」。

これから発展して「作図題に限らず，すべての問題を解く場合は，まず解答が得られたと仮定して，その性質を求め，それによって解答を探索することがある。それが解析の段階である。解答を示して，それが実際与えられた問題の答えになっていることを証明するのが総合の段階である」。

なお，もしこれこれの解がなかったら（あるいは結論が成り立たなかったら）として推論を進めていき，この時仮定が成り立たないとか，公理に反するといったことを明らかにしようという背理法的考え方も解析法といってよいだろう。代数的な問題では，例えば，求めるものがわかったとして，それを x と表し，これをもとに立式する。したがって，これは解析がなされているといってよい。解析的に解決が試みられているといってよい。

以上のことから，求めるものが得られたとしたら，どんなことが成り立たなくてはならないかといった考えの進め方をしようというのが**解析的な考え方**であり，与えられた条件からいかなることがいえるか，いかなることが成り立つかという方向で思考を進めていこうとするのが**総合的な考え方**であるといってよい。

演繹的に考えていく時には，確かにこのいずれかが，また時にはこの両方が用いられているといえる。

なお先行研究で調べた問題解決におけるストラテジーの中に working backward（逆向きに考える）というのがあった。これは上述の解析的な考え方であるといえる。

(2) 演繹的な考え方の例

この演繹的な考え方は高学年程多いのであるが，小学校第1学年でも着目させていきたいことである。

【例1】 第1学年で，和が10以上になるたし算を指導する。例えば，
　「8＋6の計算はどうやったらよいでしょう」
という問題に対して，その答えが14と出たとする。ここで演繹的な説明をさせることになる。
　「なぜ14になったのですか」とたずねる。これに対して子供が，
　「8＋6＝8＋2＋4
　　　　　＝10＋4
　　　　　＝14
　となるからです」
と説明できれば，この子は演繹的な説明ができたと考えてよい。つまり演繹的な考え方をしたことになる。したがって，このような説明が必要だということをつかませることが大切であろう。

【例2】 第2学年で，2位数－2位数の計算の指導をする。例えば，
　「37－18はいくらでしょう」
　「37－18＝19です」
　「どうして19になるのですか」
　「それは，18＋19＝37になるからです」
子供がこう言えば，この答えが間違いでないという説明になる。こういう説明をしようとすることが演繹的な考え方を使うということであろう。

このように，低学年でも演繹的な考え方が使えるのであり，また使えるように指導していかなければ十分とはいえない。さらに「どうして……ですか」という質問に答えるだけでなく，子供が進んで「～だから」と考えたり説明しようとすれば，演繹的な考えをしているといってよいことが多い。そして，それは上のような計算方法の場合だけではないのである。

【例3】 第3学年で,「906÷3を計算しなさい」というような1位数でわる計算問題を出すと, 906÷3＝32と計算する子供が見られる。これが間違いであることを「これは間違いです。なぜなら, 9百÷3＝3百になるから, 答えは大体300くらいになるはずである。だから32という答えはおかしい」と説明できれば, これは概算の結果を根拠にして判断しているので演繹的な考え方を使っていると言える。

【例4】 「鶴と亀とを合わせて24匹, 足の合計は62本である。各何匹ずつか」という問題を考えるのに, 鶴を24匹としてみよう。23匹, 22匹としてみようと, 鶴の数が求められたとして, この時の足の合計を出してみる。そしてその時の足の合計の変化が2ずつ増加することを見出す。そしてこれを用いて,

$$(62-48)÷2$$

という解を見出すということがなされる。

このように帰納的に考えて自己の力で解を見つけると, それが正しいということに対する自信をもち, 主張したくなる。そこに演繹的に考えようという考え方がなされるであろう。これによって, 上の式で, なぜ48をひいたり2でわるのかということの理由を考えることとなり,

$$(62-2×24)÷(4-2)$$

という式とその式のわけを明らかにすることに進む。

もちろん中学校数学になると, 演繹的に説明させたり, 証明をさせることがむしろ中心になってくる。したがって, 演繹的に考えさせる場は, その例を示す必要もないほど多い。そこで中学校の例としては, 解析的思考及び総合的思考が共々に用いられる場を考察することとする。

【例5】 「△ABCの各辺を, それぞれ1辺とする正三角形ABD, BCE, ACFをつくる時, 四角形ADEFは平行四辺形であることを証明せよ（次図）」

を解決するのに,

ADEFが平行四辺形であるには……，
と考え，
EF＝DAと，DE＝AFまたはEF∥DA
がいえればよいと解析的に考える。
ついで解析的に考えて，
　　DA＝AB＝BD

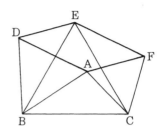

だから，EF＝DAがいえるには△EFC≡△BACが成り立てばよい。
ここで総合的に考えて，仮定から
　FC＝AC，EC＝BC，∠ECF＝60°－∠ACE＝∠BCA
ゆえに，△EFC≡△BACとなる。
同様にして，DE＝AFを得る。

このように，やや複雑な問題の時は，解析的思考と総合的思考とが共々に用いられて推論が進められ，推論の鎖が得られた時に証明が完了する。

これらの例から，演繹的な考え方をさせていくためには，次のような点が大切であることがわかる。

演繹的な考え方をしようという必要をもたせるようにする。それは，これまでの自分の行動の不十分さを感じさせたり疑問をもたせたりすることである。または，自分の行動に対して，これが正しく一般性があるということに確信をもったり，主張したいという意欲をもたせることである。

その主要な方法の一つは，児童自らに法則や性質を発見させることである。問題の解を見出させることである。

「これこれのことが成り立つ」といったように，他から与えられたものについては，それを確実な根拠から，真であることを主張しようという意欲は，時にあまり強くもつことはできない。しかし，自ら発見したことについては，これの真であることを強く主張したい。確信をもちたいという意欲をもつのは自然なことである。ここに演繹的に考えようということがある。

すなわち，帰納や類推の考え方によって，まず自ら，一般的ルールや性

質，解を発見させることが，演繹的に考えよう，説明のしかたを工夫しようという必要をもち，演繹的な考え方の重要さがわかっていくこととなるのである。例4にこのことがみられる。

また，この帰納や類推の中に演繹的な方法についての示唆が見出せることがあるということも注意して指導すべきであると言える。

また例4で，鶴の数を24，23，22，……としていって足の数についてのルールを見出すところは帰納であるが，この時鶴の数が24とわかったと考えている。この点は解析的である。すなわち帰納的な考え方をする時にも，解析的な考え方が使われることがみられる。

次に，演繹的な考え方を伸ばすには，まず筋道を立てて考えようとすることである。そして，[46]「前提が何で，結論が何であるかをはっきりつかむようにさせる。そして，前提から出発して結論が導かれること，また結論が成り立つには，何がいえればよいかを説明させるようにする。その時に『だから』『なぜなら』などの語がしだいに正しく使えるようにしていくことが必要である。そして，さらにその説明をする時に，何を根拠として言っているか，その根拠としているものが何であるかにしだいに注意をむけるように導くことである」。これは例1，2のように低学年から育てたいことである。

以上のことから，ＮＣＴＭの24年報[47]でも述べているように，次のような点に留意して，演繹的な考え方をもっと取り上げるようにしたい。

　ア　仮定（わかっていること）からどんなことがいえるか，ということを考えていくようにする。

　イ　これとは逆に結論がいえるには，何がいえたらよいかを考える。すなわち結論が成り立っているような一般命題を見つけることである。そして，その命題の仮定が真であることがいえればよいのだと考えていくことである。すなわち解析的思考をするようにすることである。

　ウ　ある命題が真とはいえないことを証明するには，それが真でない例（仮定を満たして結論を満たしてない例）をあげればよい。例3の概算によ

る説明は、この例といってよい。この反例をあげて証明をするという場面は、算数でも数多くあり、実際にも扱われているのであるが、それを教える方も教わる方も意識していないことがある。指導者は反例がどこで使われるかをしっかり知っていなくてはならないことである。

　例えば、「3本の直線（線分）があれば、いつでも三角形がかけるか」という質問をした時、子供に期待している答えは、「2 cm、3 cm、10 cmの3本の直線ではつくれないからだめです」ということであろう。このように反例による証明をしようとする経験をさせたい。

　また、いろいろな四角形を分類して、大きさがいろいろな正方形を一つのグループにまとめたとする。その時、「このグループは4辺が等しいものをすべて集めたものだ」と、ある子供がいったとする。その時、他の子供に期待したいことは、この条件はこのグループを規定することにはならないことを示すのに、このグループには属していないひし形を例示することである。

　エ　根拠として使えるものについて、次第に意識させるようにする。それには、演繹的に説明した時に、そこで「何を根拠にしたのか」について注意を向けさせる。またこれを説明するためにどんな既知のことが使えそうかということに注意させるようにすることである。これが公理的な考え方を育てる基礎になる経験となるといえよう。

　なお、小学校低学年ほどこの根拠となるものとして操作が多くなる。

　例えば、小学校2年生でも、ある形が直角であることは、見ただけで判断するのではなく、紙を2回折って作った直角のかどや三角定規の直角のかどをあててから、「ピッタリあうから直角だ」というように説明したり判断したりさせるのである。

　また、2直線が平行であることは、「平行線をかく時にする定規を2枚あてて行う操作にあてはまるから」といった判断をさせるようにする。

4 統合的な考え方

(1) 統合的な考え方の意味

統合的な考え方の意味を簡単にいえば,「多くの事柄を個々ばらばらにしておかないで,より広い観点から,それらの本質的な共通性を抽象し,これによって,同じものとしてまとめていこうとする考え方である」と言えよう。

この点について1967年の指導要領の『小学校指導書算数編』では次のように述べている。

数を[48]「拡張することに対応して,この数を操作する演算の意味も,関連して広げて考えるようにすることも必要になる。この場合,処理の方法が同じ文脈のことばで表現されるものには,同じ形式を与えるようにするため,前のものと新しく生み出したものとを包括的に扱えるように意味を規定したり,処理の考えをまとめたりする。これが統合の考えである。

算数科の学習では,絶えず,創造的な発展を図るとともに,一面では,創造したものをより高い,あるいは,より広い観点から統合してみられるようにする。さらに,これを次の飛躍への足場としていくなど,創造しつづけてやまないようにすることが大事であり,このような能力と態度を伸ばすことが期待されているのである」。

統合にはどのようなタイプが考えられるかを考察することによって,この意味をもう少し詳しくすることを試みる。そのタイプとして,ここでは次の3つをあげる。

① 統合Ⅰ型[49] (高次への統合)

例えば,次のような問題が個々別々にその解法が考えられたとする。そのあとでこれらを同じものとしてまとめようと考える。そのためにこれらを図に表して,図の形に着目する。

① 20円切手と15円切手を合計25枚買い,480円払った。各何枚ずつ買ったか。

② 男子は紙を20枚ずつ，女子は15枚ずつとった。人数は男女合わせて25人で紙は480枚であった。男女各何人ずつか。

③ はじめは毎秒20mの速さで進み，途中から15mの速さに変えて，25秒間で480m進んだ。各々の速さで何秒ずつ進んだか。

これらは，問題場面が非常に違うため，解くことができてもまったく異なった問題としかみられない。ところが，いずれも，解法を考える助けとなる図を書いてみると右のようになる。このように面積図が同じになるということから，これらは結局同じ型の問題としてまとめることができる。このようにまとめることによって，一つの問題の解法

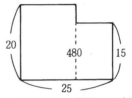

をしっかりおさえれば，他の解法は容易にわかるし，それぞれの問題の理解を深めることができるし，また，ここに統合の美しさも感じられるであろう。

このように，文章題を同じ型の問題としてまとめるには，図の形や式の形をもとにして，その同一性に目をつけ，各問題の特殊性をすてて，最も根本にあるものを探ることによって統合することができるのである。そしてこのように統合できれば，さらに別の新しい問題でも，この図にあてはまることがわかれば，その問題は容易に解けることとなる。

例えば，「4tづみのトラックと5tづみのトラックが1台ずつある。これで，合計20回運んで，88tの木材を運んだ。各々何回ずつ運んだか」という問題に対して，これを図に表してみると右のようになる。これがわかれば，上述の問題と同じように解けることがわかる。

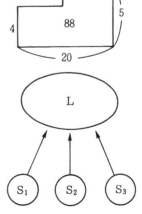

このように，統合の一つのタイプは，「いくつかの事柄（それは概念や原理法則，さらには理論，考え方などいろいろあろう）がある時，これをよ

り広い，より高い観点からみて，それらに共通な本質を見出し，これによってまとめていこうとするものである。

したがって，すでにいくつかの問題が解けていたり，いくつかのことがわかっている場合に，これらを整理する時になされる考え方である。

これを統合Ⅰ型（高次への統合）と呼ぶことにする。

② 統合Ⅱ型（包括的統合）

上の場合とほとんど同様であるが，前頁の図のLがS_3そのものであることがある。すなわち統合するために，より高い新しい観点からみるということでなく，これまでのものを見直すことによって，S_1やS_2がそれと同様にしてえられたS_3の特別な場合としてまとめられないかと考えることである。この時には，得られたいくつかのものをそのままにしておかないで，それらの間の関係を調べてみるということが大切である。

例えば，文字式の乗法の指導で，乗法公式を次の順序で指導していったとする。

(1) $(a+b)^2 = a^2 + 2ab + b^2$

(2) $(a-b)^2 = a^2 - 2ab + b^2$

(3) $(a+b)(a-b) = a^2 - b^2$

(4) $(x+a)(x+b) = x^2 + (a+b)x + ab$

(5) $(a+b)(c+d) = ac + ad + bc + bd$

その後で，(2)は(1)のbを$-b$にした特別な場合とみられること，また(1)(2)(3)はそれぞれ(4)のxをaにし，(1)はaをb，(2)はa，bを$-b$，(3)はaを$-b$とした特別な場合である。さらに(1)(2)(3)(4)も同様に(5)の特別な場合であると統合できるのである。これによって，(4)を十分理解していれば，上のように他はその特別なものとみられるようになる。

この型を図示すると下のようになる。

③ 統合Ⅲ型（拡張）

　ある事柄がわかっている時，これを含むより広い範囲にまで広げていく，または，より広い範囲においてもそれがいえるようにするために，条件を少し変えてより包括的なものにする。すなわち，新しいものを次々取り入れてまとめていこうとする考えである。

　これも統合の一つの面とみる。これは**拡張**といえるものであって，この中に発展的な面がみられる。

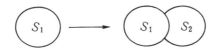

　例えば，加法の初期の指導では，その意味を，共通部分のない2つの集合がある時，この2つの合併集合の要素の個数を求める時に使われる演算であると指導されている。この段階では，この2つの集合はもちろん空集合ではない。したがって，例えば5＋0といった式は考えられない。そこで，この加法の意味を拡張解釈して，一方が空集合の時も（空集合ということを教えるわけではない）加法があると考える。例えば，あるクラスの子供たちが，ある町の何丁目からきているかを調べたら，下の表のようであったとする。この時，各丁目別のクラスの子供の数はどのようにして求められるかを考えさせる。

丁目	男	女
1	5	2
2	3	6
3	2	4
4	2	0
5	0	3

　　1丁目　　5＋2＝7
　　2丁目　　3＋6＝9
　　3丁目　　2＋4＝6

ここまでは，すべて加法で求められる。ところが4丁目と5丁目は一方が0のため加法ができないし，人数を求めるのに加法をする必要はない。しかし，それでは少なくも，一方が0の時が，例外として残ることになる。そこで上の式はいずれも，

（男の人数）＋（女の人数）＝（子供の人数）
となっていることから，4丁目，5丁目も，この関係にあてはめて，
　　　2＋0＝2
　　　0＋3＝3
と表すこととする。これによって例外をなくすと共に，このように立式することのよさをわからせる。

　また，0や自然数の範囲では，減法 $a-b$ は，$a \geqq b$ の時には常に結果を求めることができた。しかし，$3-5$ のように，$a<b$ になると，結果が求められないという例外があった。そこで，この例外をなくす方法を考える。そのための方法として，$a<b$ の時にも，$a-b$ の結果を表せるように数の範囲を広げる。そのために例えば，次のようにする。

　$a \geqq b$ の時の $a-b$ の計算が，数直線の上で，どんな操作をすることであったかを下図のようにまとめる。

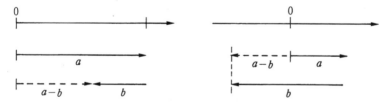

　そして，$a<b$ の時も，この操作をそのままあてはめていって，$a-b$ に当たる点に新しい数，負の数をきめていく。

　このようにして，$-1, -2, -3, -4, \cdots\cdots$ なども付け加えれば，$a-b$（$a \geqq 0$，$b \geqq 0$）は常にその答えを表すことができるようにするものである。

　これらの例のような考えによって，ある事柄の成り立つ範囲を広げていこうとする考え方を**拡張の考え方**ととらえる。この例のように，拡張の考え方の一つの特徴は，ある事柄が，ある範囲まで成り立っている。しかし，成り立っていない例外がある。この時，この例外をなくすために，その事柄の解釈をしなおしていこうとする考えである。このような拡張の考え方では，あ

る演算なり，性質なりが成り立っている集合を明確にし，それと共に，それが成り立たない例外があるということをはっきり意識することから始まる。これがもとになって，この例外をできるだけなくしていこうとするのである。そのため，条件をゆるめたり，意味を拡張解釈しなおして拡張する。さて，このように拡張するには，条件をゆるめるのであるから，条件や性質の中に失われるものがある。それがどんなものであるかに注意を向け，失われる性質を明らかにすることによって，拡張したのだということがいっそうはっきりする。

例をあげながら統合の意味（型）について考えてきたが，中島健三は，この統合の型を次のように3つあげている。そして上にあげたⅠ型とⅢ型は，氏のaとbに当たるものである。c型は，氏が「aまたはbの形式で，あとで統合し直すことが多い」といっているように，むしろその段階で初めて統合がなされると考えてよいものであるので，ここでは取り上げてない。

⁵⁰「a　集合による統合：初めは，異なったものとしてとらえられていたものについて，ある必要から共通の観点を見出して一つのものにまとめる場合である。これは，図1でもわかるように，『集合の考え』によって新しく概念などをつくる場合とほぼ同じであって，いわば，狭い意味での統合にあたる。

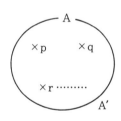
〔Aという概念でまとめる〕
〔図1〕

　b　拡張による統合：初めに考えた概念や形式が，もっと広い範囲（初めの考えでは含められない範囲のものまで）に適用できるようにするために，初めの概念の意味や形式を一般化して，もとのものも含めてまとめる場合である（図2）。

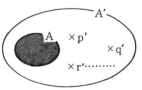
〔Aを含むA'を新しく考えてまとめる〕
〔図2〕

例えば，1位数同士について考えた計算が，2位数，3位数でも使えるよ

うにする場合は，この最も卑近な場合であろう．

周知のように，整数でのかけ算が小数，分数の場合にも考えられるようにするのもこの典型的な場合である．この時には，かけ算の意味を（抽象して）拡張しなければならない．

算数・数学では，このbの場合の「統合」が極めて多く，これが「系統的」といわれる所以でもあるわけである．この点は，指導の上でも重要なことで，例えば，上のaの例としてあげた計算の場合，初めに異なった計算として教えてかかってあとでまとめるよりは，むしろ，次々にbの形式での統合になるような指導が，能率的でもあり教育的には望ましい場合が多い．

c　補完による統合：すでに知っている概念や形式だけでは，適用できない場合が起こる時，補うものを加えて『完全になる』ようにまとめる場合である（図3）．

例えば，たし算，かけ算に対して，ひき算やわり算を考え出す時とか，比例に対して反比例を考え出すような時などがこれにあたるといってよい」

Aに対して，Bを補って（補集合にあたるものを考えて）完全にする

〔図3〕

なおこの統合ということは，1967年以前にもみられなかったわけではない．

1901年からの数学教育改良運動の影響をしばらく受けて，大正7年に，「全国師範学校中学校高等女学校数学科教員協議会」が開かれ，ここで「各分科の連絡」ということが協議題の一つになっている．

さらに昭和6年に改定された数学科の要目に，

[51]「1　本要目ハ算術，代数，幾何，三角法ノ区別ヲナサズ単ニ教授内容ヲ列挙スルニ止メタリ而シテ其ノ取扱ハ或ハ之ヲ分科シ或ハ之ヲ綜合スル等教授者ニ於テ任意工夫スベキモノトス」

と示された．このように，各分科の内容を総合して扱うことが考えられている．ただこれは，内容に関連をもたせるということであって，いま我々が考

えているのは,

「教師の側での教育内容の取扱いの問題にとどまらず,子どもに統合的な見方なり統合する能力や態度を育成するということであって,教育的には,一歩も二歩も進んだことを要求していることになるわけである」。

目標として統合的考え方を育てるということである。ここに違いがある。

また,すでに第Ⅱ章の歴史的考察でみたように,1956年に改訂された指導要領の高等学校数学科には「中心概念」というものが取り入れられた。そしてこの改訂指導要領について,日本数学教育会で座談会が行われた。その中で,この中心概念のことが話題になっている。この中心概念は数学的な考え方といってよいものであるにもかかわらず,その座談会では,この中心概念は内容を融合する時の観点を示しているものだというとらえ方で,目標としてのとらえ方にはいたっていないで内容的な面にとどまっていた。

したがって,この当時も未だ目標としての統合的な考え方の育成ということには至っていなかったようである。

(2) **統合的な考え方の例**

次に統合的な考え方の指導の場の例を考えていく。

まず,算数科の指導内容として必ず統合というものを扱わなければいけない場面,すなわち,統合すること自身が指導内容である。いいかえれば,その時間に何を理解させるのかというと,統合されていることを理解させるのが指導内容であるというものがある。

【例1】 6年までに整数,小数,分数の乗除の計算法を学習してきた。そこでこれらの関係を考えようということから,整数や小数,分数の乗除をすべて分数の乗法にまとめる。これによっていくつもの整数,小数,分数の混じった乗除の計算は,すべて分数の乗法の計算にまとめることができるようになる。これは整数や小数は,分母が1や10の累乗の分数で表せることを用いてなされる。

これは統合のⅡ型包括的統合の考え方を指導する場である。

【例2】　図形の相互関係

　6年までは，台形，平行四辺形，ひし形をそれぞれ別個の概念として学習してきている。そのためにある四角形について考えるのに，他の四角形の性質が使えない。そこでこれらを関係づけてとらえようということから，これらの間の包含関係を考察する。これによってこれらの四角形の概念が統合される。この時例えば長方形は，平行四辺形の特別なものであるという見方をするために，平行四辺形の概念を拡張する。すなわちこれは拡張による統合の考え方を指導する場合とみられる。

　これらの例は，必ず教えなければならない統合の場面である。これに対して，統合すること自身が指導内容というわけではないが，統合しなければ指導としては不十分だという場合，または，統合した方が望ましいという場面がある。

【例3】　たし算で，

　　　整数のたし算　　　3 + 4
　　　小数のたし算　　　3.2 + 4.4
　　　分数のたし算　　　$\frac{1}{3} + \frac{2}{5}$
　　　時間のたし算　　　2時間50分 + 8時間30分
　　　量のたし算　　　　413 dℓ + 518 dℓ

を，それぞれ違う計算のしかたとして指導しているとする。

　そこで，ある時，これらについて共通した点を見直させる。

　そして，①単位をそろえ，②同単位の大きさを加え，③単位間に関係のある時には繰り上がりをする，という三つの原理に基づくということを見つけ，計算のしかたはみな同じものとみられるとまとめるようにする。

　ここでは，これまでにたし算という同じような計算をいろいろしてきた。これらを個々別々にしておくといろいろな方法を知っていなくてはならず大変である。もっと思考労力が節約できないかと考える。このことから上のような統合がなされるのであろう。これは統合のⅠ型高次への統合である。

なお，これは次のように類推的な考え方をはたらかせながら，統合するという展開も考えられる。

まず，小数のたし算のしかたが問題になったとする。この時に，整数の加法のしかたを思い出し，これと同様に同じ位の数を加えればよいのではないかと考える。小数の計算のしかたを，整数の計算のしかたから類推するわけである。その結果として同じ計算のしかたとしてまとめられる。これは，初めから統合しながら学習していくことになる。

さらに，分数のたし算を考える時も，小数では位をそろえたということから，分数のたし算も単位をそろえればよいだろうと考え，通分をする。

【例4】 線対称というのは「1本の線を折り目として図形の一方を折り返すと他方にぴったり重なる」ことである。

そこで，点対称の見つけ方も，線対称と同じようにしていこうと考える。すなわち，線対称の場合と同じように，図形を半分に切って，一方を動かして，他の半分に重なるかどうかを調べようとする。

そして，次のように点対称と線対称の意味をまとめていく。

- 線対称な図形：図形の半分を，一直線を中心に180°回転した時他の半分にぴったり重なる図形
- 点対称な図形：図形の半分を，1点を中心に180°回転した時，他の半分にぴったり重なる図形

このようにして，線対称と点対称は統合される。

点対称の性質も，線対称から類推させられる。例えば，線対称の時に対応する点を結ぶと，その線分は，対称の軸によって2等分された。だから点対称の時も，対応する点を結ぶ線分が対称の中心によって2等分されるだろうと類推によって見通しを立てることができる。そこで，この見通しのもとに，調べてみようという意欲につながり，積極的に試みてみることになる。そして，同じに考えることができたということがわかり，統合することができる。

【例5】 3−5のようなひき算の答えがあるようにするために，また，a 円のものを b 円で売った時の利益や損失を，いつも $b-a$ の式で求められるようにするために（$b \geqq a$ の時に $b-a$ で利益が，$b<a$ の時は $a-b$ で損失が得られるというように a，b の大小によって用いる式が異なっていた），新しい数を考えることにする。このようにして負の数への拡張の必要性をもたせ，拡張させる。

また，例えば乗法 $a \times b$ は，これまで一般に次図の x を求める場合に用いられる計算であるとまとめてきていた。

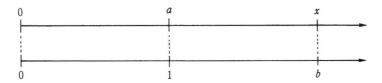

そこで，正・負の数の乗法もこの関係が用いられるように，この図を拡張していこうとし，次のようにする。

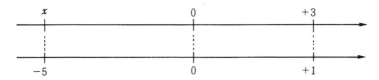

（＋3）×（−5）は，1に当たる目盛りが＋3の時−5に当たる目盛りを求める。したがって，上の x が（＋3）×（−5）であるとみなす。そしてこの x は，＋3と原点に関して反対側であるから，符号は "−"，絶対値は3の5倍である。ゆえに，

$$(+3) \times (-5) = -(3 \times 5)$$

となることがわかる。このように計算方法も拡張していくのが望ましいということがわかる。

以上の考察から，統合的な考え方を育てるには，次のことが大切であると言える。

・よりよいすっきりした形にできないかということから，どうみたら同じとみられるか，同じ点はどこか，その点をまとめて表現できないかと考えるようにする。
　・まとめて表す方法（式，図，ことばなど）を求め，まとめて表すように工夫する。

5　発展的な考え方
(1)　発展的な考え方の意味
　統合したことをさらに広い範囲に用いていこうとしたり，一つの結果が得られても，さらによりよい方法を求めたり，これを基にして，より一般的な，より新しいものを発見していこうとするのが発展的な考え方である。
　この点について，1967年の指導要領の『小学校指導書算数編』では，次のように述べている。
　「発展的な考えとは，算数にかぎらず，ものごとを固定的なものと考えず，絶えず，新たなものに創造し発展させようとする考えである。例えば，整数だけでは基準の量より小さいものの大きさを表現することはできないので，この解決として小数を生み出したり，整数の除法をいつも可能にするために分数を考えたりすることなども，この考えの現れとみることができる」[53]
　この発展的な考え方について，中島健三は次のように「統合といったことによる発展的～」と説明していて，発展的については統合のように詳しく型をあげて，説明はしていない。「発展」は日常の言葉で[54]「算数・数学として特に志向すべき方向を表す観点として『統合』ということを……簡潔，明確なども発展の方向を示す観点として考えに入れてよい」と考えて，「『統合的発展的考察』といっても，単に二つの観点を並列したものとして読み取るよりは，『統合といったことによる発展的～』として読み取ることが望ましい。すなわち，発展的な考察ということは，上で説明したように，固定的，終局的なこととしてみないということを指しており，その「発

展的」ということが，算数・数学の場合には具体的にどんな方向であるべきかを示す観点（価値観）の代表的なものとして，「統合」ということをあげていると考えるとよい」。

これに対し，1968年の指導要領指導書では，先に引用したように，発展的な考え方とは，「ものごとを固定的なものと考えず，絶えず，新たなものに創造し発展させようとする考えである」「絶えず発展を図ると共に，一面では，創造したものをより高い，あるいはより広い観点から統合してみられるようにする」と発展と統合とを並列的とみられるとらえ方をしている。

ここでは，発展的な考え方を明らかにするために，統合から一応離して広く考えてみることとする。

なおIEA（国際教育到達度評価計画）の調査結果が，この発展的な考え方を重視する一つの大きな影響力となった。1964年にIEAによって第1回国際数学教育調査が実施されたが，その結果では，わが国の児童生徒の数学の成績は全体としては世界の最上位であった。しかし，

(55)「数学をでき上がった動きのとれない知識，技能のよせ集めとして学習しているか，発展の過程にあり，多様な見方や解法が可能な，おおらかな学問として学習しているか……参加国全体の生徒も，日本の生徒もこの点では，やや固定的な見方を初級（中学2年）から上級（高校3年）までもちつづけており，とくに日本では参加国全体の平均より低くなっている」。

「数学を発展的なものとみる態度が，数学をいちばん学習している上級Aで，逆にいちばん低い値になっている。これらのことは日本の数学科のあり方についての問題点をなげかけているといってよい」

ということであった。

なお，その後1980年，1981年に行われた第2回の国際数学教育調査では，(56)前回よりよい方向に向かっている。しかも学年が上がるほど，また成績のよい者ほど，発展性のあるものとみるようになってきている。

これは，小・中・高校の教育の努力の結果，教育方法の改善の現れであろ

う。

発展的な考え方の意味を明らかにするために，その型を考える。
① **発展Ⅰ型（条件変更による発展）**

その一つは，広い意味での問題の条件を変えてみるということである。（発展のⅠ型とする）

変えてみる条件というのはここでは，広い意味にとって，
(1) 条件の一部を他のものにおきかえてみる，または条件をゆるめる
(2) 問題の場面を変えてみる
などが考えられる。

例えば，[57]「まっすぐな道にそって，4mおきに木を植えたら，20本植えられた。道の長さは何mか。ただし，道の両端にも木を植えるものとする」といった植木算で，

　　（間の数）＝（木の数）－1 ……(1)

という関係があることを見出したとする。このあとで，このような関係があるのは，間が4mの時だけか，本数が20本の時だけか，道が曲っていたらいけないのかと考えていくことによって，間や本数には関係なしに常にこれが成り立ち，しかも，道が曲っていても直線と同相ならよいことがわかる。これは，上の(1)の場合である。

また，さらに，(2)木を一方の端だけは植える必要のない時や，(3)両端に植える必要のない時，また，(4)道が円形の時には，それぞれ，

　　（間の数）＝（木の数）…………(2)
　　（間の数）＝（木の数）＋1 ……(3)
　　（間の数）＝（木の数）…………(4)

となるのであるが，木の植え方を変えてみるとどうなるかと発展させることによって，これらの公式を(1)から導くことができ，それによってこれらの公式が関係づけられまとめられる。これは上の(2)の場合である。

そして例えば，円形の時は，両端の木が一致した時とみられるから，

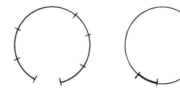

木の数は(1)の場合より1本減る。ゆえに、

　（木の数）＝（間の数）

であると考える。

さらに、上の(1)のように、ある数 a が、他の数 b より1小さくなる場合は、木を植える場合以外にどんなことがあるのかと発展的に考えることによって、新しい問題が得られる。そして多くの場合を統合していくことができる。

すなわち(1)は、木と間が交互に現れるというのが特徴である。この本質に目をつければ、「男子と女子が1人おきに並んでいる時、合計20人なら各何人ずつか」という問題も、「長さ10cmのテープを、のりしろが1cmずつになるように20枚はると長さは何cmになるか」という問題も、「1から25までの間に偶数はいくつあるか」という問題も、「長さ4mの壁に、幅30cmの絵を10枚等間隔にはるには、間隔をいくらずつにしたらよいか」といった問題も、みな上に述べてきたのと同じ考えが使われるとみられる。このようにして、多くの場合に発展させ、これらを統合して理解することができる。

これは、ある事柄について、それが用いられる場合を積極的に求めていこうとするものである。または、ある事柄を修正しなくてはあてはまらない場合を積極的に求めていこうとする考え方である。この意味で、これはものごとを発展的にみていこうとする考え方であるといってよい。そして、上の例からもわかるように、この発展的な考え方は、ただ、こんなものも見出せる、これこれのことも見出せるということだけでなく、見出されたことの共通な本質が明らかにされることによって、統合的に把握されることになる。

② 発展Ⅱ型（観点変更による発展）

その2として，思考の観点を変えてみるということがある。

例えば，右の図形の面積を求めるのに，

$20 \times 15 + 12 \times (24-15) = 408$

とすればよい。しかし，例えば，このように一つの方法で求められても，これでやめてしまわないで，さらに異なった求め方，よりよい求め方がな

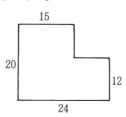

いかを考えさせることがよいであろう。それによって，さらに次のような求め方が見出しうる。

- $(20-12) \times 15 + 12 \times 24 = 408$
- $(20-12) \times 15 + 12 \times 15 + 12 \times (24-15) = 408$
- $20 \times 24 - (20-12) \times (24-15) = 408$
- $20 \times 15 + 12 \times 24 - 12 \times 15 = 408$

このように，観点を変えていろいろな方法を考えることによって，算数の問題はただ一つの正解だけがあるという固定的な考えにとらわれず，自分の力によって，いろいろな解き方，いろいろなアプローチのしかたができるのだということがわかってくるであろう。

そして，上にあげた解き方の共通な着眼点は，この図形をいくつかの長方形に分解し，その各々の面積の和や差を計算するということである。このことに着目できれば，長方形の求積方法は既知なので，これらの解き方が統合的に理解されるであろう。

例えば，平行四辺形というのが，どんな性質をもったものなのかを明らかにする学習が4年でなされる。そこでは，平行四辺形とは向かい合った2辺がそれぞれ平行になっている四角形であるということが理解される。しかし，これだけにとどまらず，平行四辺形にはもっといろいろな性質がないかと，発展的に考察していこうとすることが必要である。

これによって，

- 対辺の長さがそれぞれ等しい。
- 向かい合っている角がそれぞれ等しい。
- 2本の対角線がそれぞれの中点で交わる。

といったような性質を見出させるようにする。

ここでも，一つの見方に固定されないで，観点を変更して，もっといろいろな性質を見出そうとする発展的な考えが大切である。これによって，いわゆる多面的な見方ができてくるとも言える。また，この時も，これらの性質を見出すことによって，図形の考察では，図形の構成する要素（辺，面，頂点など）やそれらの間の関係に目をつけることが大切であり，この点で上の性質を見出す時の着眼点には共通性があるといったことを明らかにし，まとめていくことができる。

この**観点変更**について参考になる概念に，**中心転換**がある。これはゲシュタルト心理学者のM.ウエルトハイマーによるものである。

中心転換というのは，

「(1) 中心転換の諸操作。一面的な見方から状況の客観的構造によって要求される中心化への移行 [58]

(2) 諸部分及び諸ヴェクトルの意味がその構造的位置，役割及び機能に応じて変化すること

(3) あらゆる事柄が構造的要求に適合するような"よい構造"によって状況を見ること

(4) 基本的なものに真直ぐに向かい，問題の中心に正直に直面し，帰結をひきだす傾向」

である。

このように，中心を転換することによって問題が解決された，よい解決が得られることがある。これは，発展的な考え方に当たるものではないが，このように中心転換に着目することによって，発展的に他の解法やよりよい解法，新しい問題を見出すことが可能となるであろう。観点変更は，やや広義

に解釈した中心転換といってもよいであろう。

　統合的な考え方や発展的な考え方の型は、これらですべてをつくしているとは言えないだろう。これらはむしろ必要条件である。しかしこのような何らかの考え方の観点（タイプ）をとらえておくことは、これらの考え方を指導するために必要不可欠なことである。

　そして、これまでにあげてきた例からもわかるように、発展させることによって、そこで得られたものが同じ考えによるものであり、同じ構造をもったものであると統合できるのである。またそして統合することによって、本質的条件が明らかになり、それによってさらに新しい問題や新しい解を見出していくことが可能になってくる。すなわち発展的にみていくことが期待できる。

　このように、統合的な考え方と発展的な考え方は、相互に刺激し合い、相補い、それぞれの力を発揮していくものであると言える。

(2) 発展的な考え方の例

Ⅰ型　条件変更による発展の例

【例１】　三角形の重心の定理の証明を次のようにしたとする。

　中線ＡＤ、ＢＥをひき、交点をＧとし、ＣＧとＡＢとの交点をＦとする。
ＢＤ：ＤＣ＝１：１から△ＡＢＧ＝△ＡＣＧ
ＡＥ：ＥＣ＝１：１から△ＡＢＧ＝△ＢＣＧ
∴△ＡＣＧ＝△ＢＣＧ　∴ＡＦ：ＦＢ＝１：１
ゆえに３中線は一点Ｇで交わる。
また、２△ＢＤＧ＝△ＢＣＧ＝△ＡＢＧ
　∴ＡＧ：ＧＤ＝２：１（ＢＥ、ＣＦも同様）

　そこでこの問題の条件ＢＤ：ＤＣ＝１：１を変えてみようと考える。例えば、２：１に変えてみて、ＡＤとＢＥの交点をＧ、ＣＧとＡＢの交点をＦとする。この時、ＡＦ：ＦＢがどうなるか、またＡＧ：ＧＤがどうなるかを考えることによって新しい問題が得られる。

この解は，上の解法からの類推によって，
BD：DC＝2：1
　　∴△ABG：△ACG＝2：1
AE：EC＝1：1
　　∴△ABG：△BCG＝1：1
∴△ACG：△BCG＝1：2
∴AF：FB＝1：2
　また，△BCG：△BDG＝3：2
∴△ABG：△BDG＝3：2　　∴AG：GD＝3：2
と，考えさせることができる。

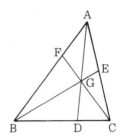

【例2】　第2学年で乗法の意味の指導を具体的な問題によって指導する。例えば，
　「1人に色紙を4枚ずつ6人に配る。色紙は何枚いりますか」という問題を，かけ算
　　　4×6
で表すことをわからせ，かけ算の意味を指導する。
　さて，この後で「4や6という数を変えると，どんな問題ができるか。また，それはどんな式で表せるか」を考えさせる。
　このように発展的に考えさせることによって，乗法の意味が次第によりよく理解され，一般化されてくる。このように新しい問題がつくられ，これに対する正しい立式を考えていくことによって乗法の意味がよりよくわかってくる。
　この例で，発展的に考えさせることによって，乗法の用いられる場合の本質的条件（同じ大きさのものがいくつかある時の全体の大きさを求める時に使う演算，すなわち同数累加の結果を求める時用いること）がより明らかにつかまれ，乗法の用いられる場合が統合され，一般化されるということがわかる。

このような扱いは，この2年の乗法に限らず，1年の加減，3年の除法，4年の括弧の意味，加減乗除を用いた総合式の意味，5年の小数の乗除，6年の分数の乗除，さらに中学での数や文字式の計算でも取り上げられる。

このように条件を変えたり，強めたり，弱めたりすることによって発展させることができ，問題の本質が明らかになる。そして問題や解が一般化され統合されるのである。

なおこのように与えられた条件を変えて発展的に考えていく時に，What if not Techniqueや関数的な考えが使われる。

Ⅱ型　観点変更による発展の例

[59]【例3】　場面を与えて自由に作問させる。この時児童生徒は，その問題場面をみる観点をいろいろ変えることによっていろいろな問題を見出すことができる。その例として，次のような調査をした。

「小さな正三角形を並べて作った右のような図形があります。

この図形をみて自分で問題を作ってみましょう。できるだけたくさん作りましょう」

この問題を川崎市立の3つの小学校5年11学級，6年12学級の子供たちに作問させてみた。これは一種のopen-endedな問題である。

一人の児童や生徒が，三角形や平行四辺形の個数を求める問題だけでなく，「最大の台形の面積を求めよ」といった面積に関する問題や，「一筆でかけるか」とか，「対称の軸は何本あるか」といった種々の観点からの問題を作っていた。そして25種類，延べ約2140例が得られた。

これをみても発展的に考えさせることがどんなに価値があるかがわかる。

【例4】　「ある大学の今年度の入学志願者数は昨年度の15000名と比較して，男子が4.8％減少し，女子が1.2％増加し，全体として2％の減少となる。今年度の男子及び女子の志願者数を求めよ」という問題を考えさせる。

これに対してまず，

① 今年度の男子数を x 人としてみると，

　昨年度の男子数は $x \div (1-0.048)$

　昨年度の女子数は $15000 - x/(1-0.048)$

　今年度の合計は　$15000 \times (1-0.02)$

として，今年度の女子数から次の式を得るかもしれない。

$$15000 \times (1-0.02) - x = [15000 - x/(1-0.048)](1+0.012)$$

しかしこれは大変複雑で，途中でつまずくものも多い。そこでもっと上手な方法はないかを考える。そして見方を変えて，

② 今年度の男子数を x 人，女子数を y 人としてみると，次のように連立方程式を得る。

$$x/(1-0.048) + y/(1+0.012) = 15000$$
$$(x+y)/(1-0.02) = 15000$$

こうして以前より少し簡単になったが，まだ複雑である。そこでもっと簡単にできないかと考え，上の方法を見直して，見方を変えて，

③ 昨年度の男子数を x 人としてみる。すると，今年度の志願者数を求めることにより，

$$(1-0.048)x + (1+0.012)(15000-x) = 15000 \times (1-0.02)$$

④ 昨年度の男子数を x 人，女子数を y 人とすると，

$$(1-0.048)x + (1+0.012)y = 15000(1-0.02)$$
$$x + y = 15000$$

を得る。

このようによりよい解法を考えることによって，何を未知数にとると最も楽かということが明らかになってくる。

なお，「式に関する考え」の中の式をよむ考えを使うと，例えば上の④の解法から，次のような解法がみつけられる。

⑤ ④の第1式の代わりに，次の式が得られ，

$$-0.048\,x + 0.012\,y = -0.02 \times 15000$$

男子 4.8％ の減少人数と女子 1.2％ の増加人数の合計が本年の変化した人数で，これはまた，全人数の 2％ 減少した分でもあるとよめ，この立式が正しいことがわかる。これも発展的な考え方の現れであろう。

以上の考察から，発展的な考え方を伸ばすために次の点が大切であるといえよう。

。発展的な考え方はよりよいものを求めようということからとられることであろう。そしてそのために，あることがわかったら，その条件を変えてみる。条件の一部を強めてみる，弱めてみる，あるいは，場面を変えてみる，変域を変えてみるといったことを試みるようにすることである。ここでは関数の考えや，what if not？のテクニックが有効である。

。文章題などの立式ができたら，逆に，その式から作問をしてみようと考えることも，発展的な考え方を生かすことになる。

。観点を変えてみるといった発展的な考え方を有効にするには，問題をみる観点を変えてみる。例えば，着目している図形の構成要素や操作を，他の構成要素や操作に変えてみる。またある方法で解決できても，それで満足せず，他の方法，よりよい解法を見つけるようにすることである。またある命題が与えられたら，その逆や対偶や裏を考えてみるようにすることも，発展的な考え方を生かす方法である。

6 抽象化の考え方
―― 抽象化，具体化，理想化，条件の明確化の考え方 ――

(1) 抽象化の考え方の意味

[60]「抽象するということばは，捨象による抽象，一般化による抽象，拡張による抽象というような使い方もされるように，大変広い意味に用いられる。算数・数学で用いられる数や図形はすでに抽象的なものであり，この抽象的なものを用いてさらに高度の抽象を行なっているわけである」。

抽象という語の意味は，『哲学事典』によると，次のようになっている。

(61)
「全体としての事物の表象にふくまれる諸徴表のなかから，1つまたは数多を分離して，それだけを独立に思惟の対象とする精神作用をいう。その場合には当然他の諸徴表は度外視，すなわち捨象されることになり，抽象と捨象とはそれゆえ同一の作用の両側面をなす。このもっとも広義における抽象はあらゆる概念，判断の成立の基礎過程となっている。抽象は多くの概念にかんしても行われ，それらの概念からあたらしい，内包のいっそう少ない概念をつくり出す。また多くの表象にかんして行われる抽象は，これらの表象を比較しそれらに類似のものをとり出すことによって諸事物にかんする一般的概念を形成する」。

このことからも，一つには概念の内包を明らかにする思考が抽象である。
(62)
「例えば，ガラス窓，下じき，机などをみると，それは明らかに茶づつや三角定規などとは異なり，何かそれらに共通な形が認められる。この共通性をひき出した時，そこに長方形という概念が生ずる。この共通性がいわゆる概念の内包であり，その内包を明らかにしていくことが抽象するということの本質であると考える」。したがって，「数学的な概念である類をつくるという観点からいえば，抽象化とは，いくつかの事物・現象や場面を集め，それぞれのすべてに適用できるような基準に基づいて，それを1つの類にする」ことである。このようにして，共通な性質を抽象する。そして，その抽象した性質をもっていないものにどんなものがあるかを明らかにして，抽象した性質とそれをもつ集合をいっそう明らかにする。

このような**抽象化**と共に，抽象化した性質を用いて，この性質を有するものと，有しないものとを弁別したり，その性質をもった新しいものを求めたりするという，抽象化した性質の使用も必要である。この後者は，いわば，**具体化**といえるものである。この抽象化と具体化とが相伴ってなされることによって，概念が明確になり，その範囲が広げられていく。

さらに抽象化の考え方は，概念形成の時のみでなく，問題解決の時にももちろん用いられる。日常の問題場面から性質を抽象して，その意味を明らか

にして，算数的な問題にしたり，後に考察するが，その条件を理想化したり明確にしたりして，算数・数学的な処理の対象になる問題に作り上げていくといったことがなされる。

そしてここで考える**抽象化の考え方**は，

第一に，一つまたはいくつかの性質を引き出そうとする，抽象しようとする考え方と，それと表裏の関係にある**捨象**しようとする考え方である。[64]「アントノワは，本質的なものを抽象することをポジティブな抽象といい，非本質的，特殊的，個別的な具体性を捨てること，すなわち捨象することも抽象ということばを用い，抽象のネガティブな側面あるいはネガティブな抽象といっている」。

また**具体化の考え方**をするのも，結局は事柄を抽象するためであるから，第二のものとして，これを抽象化の考え方に含めていくのがよいと考える。

第三に，[65]「抽象する時に大切なことに，理想化の考え方がある。下じきのかどが丸くなっているとか，机の面がでこぼこしているとかを無視して，理想的なものを考えないと具合が悪い。いくつかの事柄の間の関係を調べようとする時，これらの事柄に付随したいろいろの条件が，事態を非常に複雑にしていることがよくある。このような場合，これらのいろいろの条件が一定であるような理想的な状態を考える。または条件や性質が数学的な定義や原理法則の条件を満たしているような理想的な場合を考えることによって，事態が明確になることが多いが，このような理想的な状態を考えようとすることを**理想化の考え方**」と呼んでよい。これもいくつかの条件を捨象し，ある条件を抽象しているとみられるので，抽象化の考え方に含める。

第四に，**条件を明確にしようとする考え方**が抽象にとって必要であると考える。

日常の中で起こる問題は，いわゆる算数・数学の教科書にある問題のように条件が明確であったり単純ではない。そこで，抽象化するには，条件を明確に規定していくことが必要である。

例えば，極く簡単な問題場面である，「A，B２人の家から学校まではどちらが近いか」という問題でも，①距離でなく道のりで比べるということ，②２人が各々家から学校まで歩いた時のかかる時間が短い方が近いとすること，③２人の歩く速さは同じとすること，④それは大体分速60mとすること，などを条件として決めれば，実際に２人が歩いた時間をもとに比べられるし，どちらが何m近いかも求められる。

　このように条件を明確にしていこうという考え方が大切である。これは，多くの条件の中からいくつかの条件を抽出して，これを規定したり，曖昧な条件を明確にすることを示している。

　また数学の問題で，仮定がいくつもの条件からなる時がある。この時，時々その一部を忘れて取り上げないために解決できないということがある。これは条件を明確にとらえようとする考えの不足によるものである。

　このような意味での条件を明確にしようとする考えも，抽象化の考え方の一つとして大切であると考える。

(2)　**抽象化の考え方の例**

　次に抽象化，具体化，理想化，条件を明確にしようとするといった考え方の例を１，２ずつあげ，これによってこれらの考え方の使用の場の広さを示したい。

　算数・数学では非常に多くの概念が形成される。そして概念形成に当たっては抽象化がなされるのである。したがって，抽象化をする場は極めて多いといえるのである。

【例１】　３枚の紙，３本の指，男の子３人などのそれぞれの集まりについて，それらを同じものとみなすことができることによって，数３が抽象されてくる。このようなことができるには，３つのものからなるいろいろな集まりについて，それぞれの要素が何であるかということを捨象して，個数だけを抽象しようとすることができなくてはならない。１対１に対応できるものは，同じ性質をもっている。すなわち〝個数が同じ〟とみなすようにするこ

とである。そして、1対1に対応できない時には個数が異なるという見方が必要である。これが抽象化の考え方である。このような考え方をするのは、いろいろな集まりについて、その異同を明確にしようとする態度がまずとられることであろう。

　数を抽象するには、もう一つの抽象化が必要である。

　数えて個数を知るには、これ以前に各集合の中の要素を同一視できなくてはならない。すなわち、個々のものを一つの集合の要素とみられなくてはならない。ここに同じ集合の要素とみようとする抽象化の考え方がある。例えば、3枚の紙の色が赤、青、黄色と異なる時、それを異なる種類とみていて、色を捨象できなかったら、3枚とはみられないのである。したがって、集まりの個々のものの形や色、大きさなどから、集合の要素とみる条件以外のものを捨象し、特定の条件のみを抽象しようとする考え方が必要であることがわかる。

【例2】　「1個15円のもの x 個の値段 y 円」「1 m 2 kgのもの x mの重さ y kg」「たて10cm、横 x cmの長方形の面積 y cm²」等々の種々の関係について、これらがいずれも $y = ax$ の形に表せることを抽象する。そしてさらにこの式の形で表せるものを調べていって、比例の概念を抽象する。このように比例の概念の学習でも抽象化の考え方が必要である。これは、言うまでもなく、反比例や一次関数などの関係概念の学習についても同様である。

【例3】　例2の各々のグラフがどんな形かを調べる時、初めは、式に合ういくつもの点をプロットしていって、これらの点を結ぶ。この時比例の場合は直線になるが、これとてもプロットした点が一直線上よりややずれていることが現実である。この少しのずれを実際には鉛筆の動かし方を加減して直線をひくのである。この少しのずれに注意を向けていると、どんな**特徴の**あるグラフかがつかめないということを知り、そこで点の並び方を簡潔にとらえようということから、点が一直線上に並んでいることと理想化してみる考え方がなされるとよいということである。

【例4】 2つのコップのかさを比べる時に、一方のコップに水をいっぱい入れ、これを他方のコップに移す。この時に、初めのコップは完全にいっぱいではないかもしれないし、他方に移す時も、元のコップに少しは残るかもしれないが、これらを完全にいっぱいにし、完全に他方に移せたと考えることが必要である。ここに理想化の考え方が使われる。

そしてこの理想化は、いろいろな細かい条件を考慮していると、問題は複雑であるということを経験し、そこで目的や自己の力にあった問題にしようとすることからなされる考え方であると言えよう。

これまでは概念の抽象化を中心にみてきたが、次に問題解決などの場合について、これらの考え方の用いられる例をみていこう。

【例5】 G.Polyaも例としてあげているように、例えば「ガソリン1lで8km走る車が48km走るには、ガソリンはどれだけいるか」という問題では、実際には、常に1lごとにきちんと8kmずつ走るわけではないが、これも自己の力に合った、しかも大切な条件を保存している問題にしようということから、常に1l当たり8kmずつ進むという理想化をするのである。

7 単純化の考え方

(1) 単純化の考え方の意味

いくつもの条件があって、それらが何々であるかはわかっているが、それらのすべての条件を考慮しなければならない時、その全部を考えるということは、初めからはできにくいことがある。そういう場合には、そのうちのいくつかの条件を一時無視して、簡単な基本的な場合に直して考えてみようとすることがある。このような考え方が**単純化の考え方**である。条件A、B、Cがあれば、そのうちの一つの条件Aだけの場合をまず考え、その後にB、Cなどの条件を順次つけ加えていく場合もあるし、条件Aだけについて考えた後に、次に条件Bだけの場合、Cだけの場合をそれぞれ単独に考え、それらを総合してA、B、Cすべてが条件の場合を考えていくようなこともあ

第Ⅳ章　数学的な考え方の内容　175

る。

　方程式によって文章題を解こうという時について，デカルトが『精神指導の規則』の第19条で，次のように言っている。

　[66]「この推理の方法に従って，二つの相異なる仕方で表現された量は，未知項——直接的に困難を通覧するため我等はこれら未知項を既知と仮定する——の数だけ，求むべきである。かくして我々は二つの相等しき量の間の比較を，未知数の数だけ，得ることになる」。

　そして，これについて，ポリヤは，次のように意訳している。

　[67]「条件の中から，それを使えば，同一の量が二つの違ったしかたで表されるという部分を取り出して，未知数の間に成立する方程式をつくれ。結局，条件を未知数と同じ個数の部分に分けて，未知数と同じ個数の1組の方程式を作らなければならない」。ここでいっていることは，方程式によって問題を解決するには，一つには，未知数を決め，その数だけ方程式をつくろうとすることである（もちろんこのようにできない問題もあるが，今はこの方法でできる場合のことである）。そのためには，問題を未知数の数だけの量を表す部分に分け，その一つ一つについて独立に方程式で表すことを考えるのである。これは単純化の場であると言える。また一つの式をつくる時には，同一の量を二つの違ったしかたで表す。そのためには，問題の中の一つの条件だけを考えてそれで一つの量を式に表す。次にこれと同じ量を表せる他の一つの条件だけを考え，それを式に表す。かくしてこの二つから等式を得るのである。この一つだけの条件について考えるというところに単純化の考え方が使われる。

　これは，不等式による解決の場合でも同様であるし，算数的解法の場合でも同様である。この時は，条件の一部だけを考えて，これについて立式し，次にこれを一つの数量とみて，これと他の一つの条件のみがあるものとして立式する。これを繰り返すことによって，多段階の問題の式をつくるのである。ここでも単純化の考え方が有効である。

しかもこのような単純化の考え方は，図形の作図や論証でも同様にはたらくことである。

(68)「条件のいくつかを簡単なものに置き直して考えようとする考え方も，この単純化の考え方と言える。例えば，数の大きいものや，小数，分数などを含んだ文章題を考える時，その数量関係が数の大きさにまどわされてわかりにくい時などは，その数値を簡単な整数におきかえて文章題を見直すとその問題の構造がわかりやすいことが多い。このような考え方を進んで授業の場面に取り入れて指導することにより，子供が自分で単純化するような考えが生まれてくるようにしたい」。

シェンフェルドは，単純化を大切なストラテジーの一つとしてあげ，それについて次のように言っている。

(69)「対称性を用いて，また一般性を失うことなしに単純化しようとする」

この一般性を失わないようにということは，単純化の際忘れてはならないことである。いくら単純にしてしまっても，もとの問題の本質的条件や一般性を損なってしまうほどに単純化してしまったのでは意味がない。これは理想化などについても同様である。

(2) 単純化の考え方の例

【例1】「2桁の整数がある。十の位の数字は，一の位の数字の3倍に等しく，またこの整数は，各位の数字の和の7倍より6大きい。この整数を求めよ」。この問題に対して，その意味を明確にとらえたい，そして演算を決定したいということから，問題を単純化する。すなわち，

① 十の位の数字が一の位の数字の3倍に等しい整数

② 各位の数字の和の7倍より6大きい整数

の2つの部分がある。

この①のみを考えて，一の位の数字をxとして，十の位の数字は$3x$で，整数を$10 \times 3x + x$と表す。

②のみを考えて，$7(x + 3x) + 6$と表す。

その結果，$10(3x)+x=7(3x+x)+6$ が得られる。

【例2】 「1本30円の鉛筆4本と，1個20円のサック6個とを買う。代金はいくらか」という問題を，例1と同様に考えて，

   ① 　1本30円の鉛筆4本の代金
   ② 　1個20円のサック6個の代金
   ③ 　鉛筆とサックの代金の合計

についてそれぞれ順に①，②，③を一つずつ考えていくことによって，

   ① 　30×4
   ② 　20×6
   ③ 　$30 \times 4 + 20 \times 6$

を得る。

【例3】 作図での軌跡交さい法は明らかに，この単純化の考え方を用いるものである。

「三角形ABCの1辺BCが5cm，頂角Aが60°，AからBCへの高さAHが4cmの三角形を作図せよ」という問題を解決する時，問題の条件を明確にしよう，自己の解決できる問題にしようということから，単純化をする。

すなわち，まずBC＝5cmをひき，次に，

   ① 　AはBCを見込む角が60°
   ② 　AはBCから4cmのきょりにある

の2つの条件について，それぞれ一方のみを考えるという単純化によって，①と②それぞれを満たす軌跡の交点として，点Aが得られるのである。

【例4】 簡単な数量に直して考えるという単純化の用いられる場面は多い。

1年で，6＋8の計算のしかたを考える時，自分にとって，何が問題かを明らかにしようとする。これから6が4ならできることを考える。このことから，問題を単純化する。数値を簡単な4にして6＋4を求める。そしてこれをもとに，原問題の解法が見つけられないかと考えていく。

また，5年で「Aの体重は36.6kgで，Aはbの1.2倍である。Bの体重

はいくらか」という小数の除法の問題に初めて遭遇した時，既習事項をもとに解法を見つけたいと考え，このことから数値を単純化しようとする。そして1.2倍が2倍だったらどうかと考え，これが36.6÷2となることから，原問題は36.6÷1.2でよいだろうと考える。

8 一般化の考え方

(1) 一般化の考え方の意味

「抽象化の作用は，外延をいちおう固定しておいて，内包を明確にすることに対して，一般化の作用は，内包をいちおう固定しておいて，それに応じる外延をさらに明確にしようとすることであるといえる」[70]。

この抽象化と一般化が相まって概念が形成されていく。

この意味で一般化しようとする考え方は大切であるが，一般化は，問題解決に関係した場合にも屢々用いられる。問題を解決するために，そこにみられる一般性を見出したり，問題の解決をもとにして，この問題を含む集合全体で成り立つ一般性を求めていくという**一般化の考え方**が重要である。

ポリヤは，一般化について[71]「一つの対象についての考察から，その対象を含む集合へ移っていくことである」と述べているが，算数・数学は，常に一般化することを考えながらつくりあげていくものであり，これによって類似の問題に遭遇した時，それを容易に解決できるようになる。内容を明確に理解しようとか，よりよく使えるようにしようといったことから，この一般化の考え方が力を発揮し，そのよさが表れるのであると言えよう。

(2) 一般化の考え方の例

一般化はいうまでもなく帰納と密接な関係がある。帰納は一般化しようとする考えに基づいてなされることが多い。

【例1】 2年生で乗法九九をつくる。例えば3の段をつくっていくのに，初めは，

$$3 \times 2 = 3 + 3 = 6$$

$3 \times 3 = 3 + 3 + 3 = 9$

$3 \times 4 = 3 + 3 + 3 + 3 = 12$

としていくであろう。このようにしていくと，同数累加の式を何度も書き，同じたし算を何度もすることが面倒になる。もっと手軽にしたいと考える。このことから，計算の中に一般的法則を求めようとする。これが一般化である。そして，帰納的な考え方によって，

$3 \times (a+1) = 3 \times a + 3$

を見出し，これを用いて

$3 \times 5 = 12 + 3 = 15$

$3 \times 6 = 15 + 3 = 18$

といったように九九をつくっていくのである。

このように，計算の法則，計算の一般的方法など，およそ計算については，いずれもその意味に基づいて，一歩一歩考えていく方法では，いかにも面倒であるという経験が基になり，この面倒さを除くために，具体的場合をまとめて一般化しようとする。ここに一般化がある。そしてその一般化のために類推や帰納が使われる。

このように問題を解決する時に，いくつかの具体的な特別な場合から法則を一般化し，これを用いていこうとする。

【例2】「図のように碁石を正方形状に並べ，その正方形を縦に10個作るには碁石はいくついるか。正方形の1辺には6個ずつ並べるとする」。

この問題を，

$5 \times 4 + (4 \times 3 + 2) \times 9$

と解いてから，それを式変形して，

$(6-1) \times 4 + \{(6-2) \times 3 + 2\} \times (10-1)$

とする。そしてこれをもとに，一般化しようとする。一般に正方形の1辺の碁石の個数が a，正方形の数を n とすると，解は，

$$4(a-1)+\{3(a-2)+2\}(n-1)$$

と一般化できる。そしてこれから，

$$4(a-1)+(3a-4)(n-1) \text{ や } (3a-4)n+a$$

でよいことがわかる。

これは，原問題を解決してから，その問題や解法を一般化していこうという場合である。これが一般化のなされる一つの典型的な場合である。

【例3】 [72]「一つの直線と，一つの正八面体との位置が与えられている時，この直線を含み，正八面体の体積を等分するような平面を求めよ」。この問題は難しいようにみえる。もっと一般的な問題「一つの直線及び一つの対称の中心をもつような立体の位置が与えられている時，この直線を含み，この立体の体積を2等分するような平面を求めよ」に拡張することができる。そしてこの一般化した問題の解は，容易にこの対称の中心とこの直線を含む平面と決まってしまう。この結果正八面体は，対称の中心があるからもとの問題も解けたことになる。

「2番目の問題は初めのより一般的であるにもかかわらず，ずっと解きやすい。事実，初めの問題を解く鍵は2番目の問題を考え出すことであった。すなわち，点対称であるというこの問題の本質を探り出すことであった。一般的な問題の方が解きやすい。これがパラドクスのように聞こえるが，この例のように実はそうではない。特殊な問題を解く成功の鍵は一般的な問題を考え出すことである」。

これは非常に示唆に富んだ例であり，説明である。問題の本質的条件を，明確にとらえようとして，問題を一般化しようとすることが重要であるということである。

そしてこの一般的な問題を考えようということは，中学校の数学の問題を考える時にも有効なことがある。例えば上の例2の問題で，まず1辺の碁石の個数をa個，正方形の数をnとして，一般的な解

$$4(a-1)+\{3(a-2)+2\}(n-1)$$

を求めるほうが，具体的数の計算を途中でしないでよい。すなわち，本質的な条件だけについて考えていけばよいので，原問題を解くより楽である。このように考えて文字に置き換えて考えるのはこの考え方であると言える。

さらに算数の問題を考える時にも，この考え方が使われる。例えば，初めに2辺の長さが7cmと5cmの平行四辺形の面積を求めたいといった具体的な場面として，平行四辺形の求積の問題がでた時に，この辺の長さを考えず，一般的な平行四辺形で，これと等積な長方形に変形する方法を考えるとよい。これはこの考えである。このようにこの考えは，算数でも指導したいことである。

9 特殊化の考え方
(1) 特殊化の考え方の意味

一般化の考え方に関係して，これとは逆の**特殊化の考え方**がある。

[73]「ある事象の集合に関する考察から，それに含まれるそれより小さい集合，またはその中の一つの事象について考えることを特殊化という。問題を解く時にこの特殊化はしばしば有効である」。

この特殊化というのは，どのような時に，どのように考えることかをもう少し詳しく考えてみる。

前にみたようにシェンフェルドは具体的なHeuristic Strategiesを示している。その中の問題の分析と理解の段階で，

[74]「2. 特別な場合を調べよ。それによって次のことをする。
 (a) その問題の具体的例をあげる。
 (b) 場合の限界を調べることを通じて，可能な範囲を調べる。
 (c) 整数の範囲を順次1，2，3，……と変えていって，帰納的にパターンを見出す」

と，問題の分析と理解の段階での特殊化の考え方の大切なことを示している。しかし，この(c)については，本研究では帰納的な考え方として位置づけた。

そして，ポリヤも特殊化については度々取り上げている。そのいくつかをあげて，特殊化の内容とその有効さを明らかにしよう。

①[75]「10　代表的な特別な場合　あなたはn角形についてある問題を解かねばならぬとしよう。あなたは五角形を描き，それに対する問題を解き，得られた解を研究して，その方法が，$n=5$なる特別な場合と同様に任意のnの一般な場合にもちょうどうまくゆくことに気づく。もしそうなら，あなたは$n=5$を代表的な特別な場合と呼ぶことができる。それは一般的な場合を代表するからである。もちろん，ほんとうに代表になれるためには，$n=5$なる場合は，もしかするとあなたを誤りに導くかもしれないようなこんな特別な単純さを持っていてはいけない。代表的な特別な場合は，一般的な場合よりも単純であってはいけないのである。代表的な特別な場合は屢々教える際に便利である。n行の行列式に関する定理は，たった3行の行列式を注意深く調べることによって証明されるのである」。

②[76]「5　極端に特別な場合　2人の人がふつうの長方形の形をしたテーブルに向かって腰掛けている。1人がテーブルの上に10円玉を置く。次にいま1人の人が同じことをやる。このように代るがわる続けるものとする。各銅貨はテーブルの上に平らに置き，すでに置かれた銅貨の上には乗せないものとする。テーブルの上に最後に銅貨を置く者がお金を貰うものとする。どちらもできるだけうまくゲームをするとして，一体どちらの方が勝つだろうか？

これは，昔からあるすぐれたパズルである。かって私はこのパズルが提出された時の本当にすぐれた一人の数学者のやり方を注意深く眺める機会を持った。彼は次のように話すことから始めた。『まず，テーブルが一つの銅貨によって覆われてしまう程小さいものと仮定しよう。その時は明らかに一番目の人が勝つはずだ』。すなわち彼は，その解が明白である一つの極端に特別な場合を取り上げることから始めたのである。

この特別な場合から，だんだん多くの銅貨がのせられるようにテーブルが

広がっていくと想像する時，あなたは十分な解に達することができる。問題を一般化して様々な形と大きさのテーブルを考えれば，なおいっそうよいであろう。もしあなたが，テーブルは対称の中心を持ち，正しい一般化は対称の中心を持つテーブルを考えることだ，と気づくならば，あなたは解を得たようなものである」。

③「風のない大気中を時速 v kmで飛ぶ飛行機がある。これは t 時間の安全飛行ができる油を積んである。この飛行機が時速 w kmの風に向かって飛び立つ時，安全に行って来られる道のりは何ほどか？」という問題を，道のりを x として，

$$\frac{x}{v-w}+\frac{x}{v+w}=t$$
$$\therefore x=\frac{(v-w)(v+w)t}{2v}$$

という解を得た。

「この結果が正しいかをチェックするのに特殊化を用いる。
- $w=0$ とすれば，$2x=vt$ これは正しい。（風のない空気中をとぶ場合だから）
- $w=v$ とすれば，$x=0$ これも明らか。風速 v の向かい風ではまったく進まない。
- $w=0$ から $w=v$ まで w が増大する時道のり x は常に減少する。これも予知されることと一致する」。

④一般的な叙述は，いくつかの事象の集合に関連したものである。それを否定するためには特殊化することである。すなわち，その集合の中から，例外となるような一つの事象を選び出せばよい。

この①は，問題の一般性を失わないように特殊化して，問題を理解したり，解の発見をやさしくしようという場合である。

②は極端な場合を考えることによって，解の見当をつけたり，その見当の結果や方法を一般的解に生かそうとするものである。

③は極端な場合を考え，これを解のチェックに使うという生かし方である。

④はいわゆる反証である。これは，演繹となるので，演繹的な考え方の一つとする。

この①～③が，特殊化の考え方の内容であり，また，その有効さを表すものと言ってよい。

前にあげたシェンフェルドの(a)はこのポリヤの①であり，(b)は②に当たるものである。

そして特殊化は，問題を明確にとらえようという必要からや，自己の力に合った，関連ある問題をとらえようという時になされる。また自らの解決に自信を持ちたいという時になされる考え方と言えよう。しかしその特殊化もそれによって一般性を理解しようとか，一般化を確実にしようということがねらいであると言えよう。

(2) **特殊化の考え方の例**

次に特殊化の例を考える。特殊化といっても，一般化するために特殊化してみるということが多い。したがって，ここであげる例も一般化の考えが生かされるものが多い。

【例1】 三角形の内角の和がいくらになるかを見つけさせるために，「三つの角を切って一点のまわりに集めよ」と指示することがよくある。しかし，これでは何のために三つの角を集めるのかがわからない。和が180°にならず，170°や200°であったら，「集めよ」とはいわないであろう。実際五角形や六角形の場合は，すべての角を一点のまわりに集めるということはあまりなされていないだろう。

大切なことは，三つの角を集めてみればうまくいきそうだという見通しをもつことである。その見通しのもとに角を集めることである。

この見通しをもつためには特殊化の考えが役に立つ。

次のように三角形の特別な場合を考えてみる。

正三角形は各角が60°であるから，和は180°である。

2種類の三角定規の角は、それぞれ45°，45°，90°と30°，60°，90°であり、その和はいずれも180°である。これら特別な場合にすべて180°であったから、一般の三角形でも180°ではないかと考えられる。

そして180°は一直線のなす角である。だから三つの角を集めたら一直線になると予想される。このことから内角を一点に集めてみようという発想が生まれる。

このように一般的な性質や法則の見通しを立てようということから、特殊化してみようという考え方が生きてくることがわかる。筋道を立てて考えようとすることから、特殊化を生かし、解法が得られる。

これは次の例のように、数や式に関する内容の場合にも有効である。

【例2】　$3a+4a$ がいくらになるかを考える時、文字を数に置き直してみるという特殊化によって、$a=10$ としてみると、

　　$3×10+6×10$　　これは　　$90=9×10$

$a=4$ としても

　　$3×4+6×4=9×4$

このことから

　　$3a+6a=9a$

としてよいだろうと一般化への見通しが立てられる。

なおこの例で、$3a+6a=9a$ であろうということが何らかの方法で気づいたとする。この時逆に $a=10$ と特殊化してみて（両辺に $a=10$ を代入して）、このことをチェックするという考えもある。これは例4，5についても同様である。自分の行ったことの正否を自主的に判断しようということから、特殊化を使ってチェックをしようと考えるのであると言える。

【例3】　直線ＡＢの同じ側に2点Ｃ，Ｄがある。ＡＣ，ＢＣ，ＢＤ，ＡＤの中点をそれぞれＰ，Ｑ，Ｒ，Ｓとする時、四角形ＰＱＲＳは平行四辺形になることが証明できたとする。

そこで、この一般命題を基にこれを特殊化していこうとする。例えば、特

に四角形PQRSが長方形になるのはどんな時か。ひし形になるのはどんな

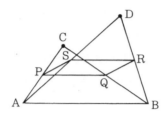

時か。さらに正方形になるのはどんな時かと考える。このようにして，新しい問題が見出せる。

　この例は，新しいもの，よりよいものを見出そうということから，一般的な条件を特殊化してみるという考え方である。これは一般的な問題が解決できている時，これをもとに特殊な問題を解決するという時にもあてはまることがわかる。

10　記号化の考え方
　―― 記号化，数量化，図形化の考え方 ――
(1)　記号化の考え方の意味
　数学では事象を数量や図形におき直して考える，これらに帰着させることが多いことはいうまでもない。したがって，**数量化や図形化の考え方**が重要なことは明らかである。また数学は記号の科学と言われるほどに記号を駆使する。そして，記号の表す意味を捨象して記号を操作するルールを定め，これに基づいて形式的に処理する。また，記号化による形式に着目し，この記号を形式的に用いていこうとする考えも大事である。そして，図形も一種の記号とみられるし，数を抽象し，数字で表すことも記号化とみられる。

　このようなことから，ここでは，これらをまとめて**記号化の考え方**として大きくとられる。その中で，上述のそれぞれの考え方の意味を考察する。

　図形化も記号化とみるのは，ヒルベルトが次のように言っていることからも妥当なことである。

第Ⅳ章　数学的な考え方の内容　187

(78)「新しい概念に対しては必然的に新しい記号が必要です。それらの記号は，その新しい概念をつくりあげるきっかけとなった事実が思い出せるように選ばれています。幾何図形は空間的な直観の記憶心像に対する記号であり，すべての数学者はそのようにしています。三つの量 a，b，c について，『間にある』という概念の幾何学的な記号として，直線上に順序よく並んでいる三つの点の図を，$a > b > c$ という二重不等式と一緒に使わない人がいるでしょうか？　また，凝集点の存在とか，あるいは関数の連続性についての難しい定理を厳密に証明する時でも，互いに重なり合った線分や長方形で示すことを使わない人がいるでしょうか？　三角形の図や，中心のかいてある円などの図なしですます人や，あるいは互いに直交する三本の（座標）軸なしですますことのできる人がいるでしょうか？　微分幾何学，微分方程式論，変分法，その他純粋数学の諸分科の基礎づけに非常に重要な役割を演じている包絡線（面）をもった曲線——曲面群の概念やベクトル場の概念を断念しようとする人があるでしょうか？　算術の記号は文字で書かれた図形であり，幾何の図形は線で示された公式なのです。そして，数学者のなかに，この線で示された公式なしですますことのできる人はいませんし，計算する時に，かっこでくくったり，かっこをはずしたりすることや，その他の解析記号を使うというようなことがなくてすむというようなことは滅多にないことです」。このようなことから，本項の記号化の考え方の中には，狭義の記号化の考え方と共に，数量化，図形化の考え方を含める。

　しかし記号化という時には必ずしもこのように広くとらえられているわけではない。狭義の記号化だけを記号化の考え方とすることもあってよい。それは記号化の考え方，数量化，図形化の考え方をそれぞれ区別して指導することが望ましいこともあるからである。

　そこで概念としては広くまとめてとらえながら指導に当たってはそれぞれの考え方に適した手を打つ。そのうち方を細かく配慮していくことが望ましいと言える。

このようなことから，

① 狭義の記号化の考え方
② 数量化の考え方
③ 図形化の考え方

に分けて考察する。

① (狭義の) 記号化の考え方の意味

　ここでいう**記号化の考え方**とは，記号に表していこうとする考え方と共に，記号化されたものをよんでいこうとする考え方とである。そしてさらに数学的用語を用いて簡潔，明確に表したり，これをよんでいこうとする考え方も含めていくものとする。これは，いわば形式的に表現し，それに基づいて思考を進めていこうとするものでもある。

　1951年の学習指導要領の目標の中に，[79]「(11) 用語や記号は，記録したり，考えを整理したり，また，物事を他人に伝えたりするのに簡単で便利である」として，その解説として，

「(5) 用語や記号はわれわれの生活にどのように役立つか。

(a) 用語記号の意味

(b) 用語や記号を用いて，ものごとを表すと，ものごとをきっちり記録しておくことができるし，他人に間違いなく伝えることができる。

(c) 用語を用いると，自分のもっている考えを整理することができる。また，ものごとを厳密に考えることができる。

(d) 用語や記号は，子供の必要に答えるものである」

と四つの観点をあげて，それぞれの観点から解説をしている。

　これらの中に，用語・記号を用いようとする考え方のよさをみることができるが，用語・記号を用いるのは，

○ものごとを簡潔，明確に示そう

○思考を整理し厳密に考えていこう

○思考を一般化していこう

という時に有効な考え方であるということである。

さらに，後に考察するように，

○形式的に思考を進めていくことができる。

そこで，用語・記号を用いる指導をする時には，上のような態度や考え方を子供たちにとらせるように配慮することが大切だということになる。

さて，用語・記号を用いる時には，何よりもまずその意味を明確にしなくてはならない。

そこで用語・記号をどう定義するかをまず考える。

定義というのは，[80]「(1) 区分が概念の外延を明確にするのに対し，概念の内包を明確にする方法が定義とよばれる。定義の一般的かつ伝統的な意味はこれである。(2) 定義されるべき概念definiendumに対して定義に用いられる概念definiensを意味する。これは多くの概念によって成立した1個の概念である。(3) 定義されるべき概念と定義に用いられる概念とが同等なることを表現する文章もまた定義とよばれる」というものである。この中の(1)でいう定義は，次のようなものと言えよう。

[81]「〝定義〟とは端的にいって〝用語の意味を決めること〟である。この言葉のギリシャ語は，もと〝境界〟あるいは〝境界標〟というような意味であったが，プラトン(Platon, B.C. 427-347)，アリストテレス(Aristoteles, B.C. 384-322)以来，上のように，〝用語の意味の正確な限定〟の意味に用いられるようになったとされている。人を説得するには，まず用語がいろいろ多様の意味に受け取られると困るであろう。だから，この用語は，これこれのようなことを意味し，それ以外の意味はないのだ，ということをはっきり相手に断わらなくてはいけない。この〝定義〟ということに関連した規則が，上の第一にあげてあるわけである。(注)[82]」

定義は，意味が明確な同義語を与えるということでなく，その定義によって，その用語を用いうるかどうかの判定ができるものであることが望ましい。例えば，「平行」の定義は「1本の直線に垂直な2直線は平行であると

いう」ということで，この「直線」は無定義用語とし，「垂直」は定義された語とし，これらを用いて，平行の定義が上のようになされる。そして，この定義によって，2直線が平行であるかどうかが判定できるのである。

　この意味で例えば，「〝集合〟のことを〝ものの集まり〟だとか〝組〟だとか，言いかえたところで，あまり役に立たない。数学では〝定義〟ということばを字引などとは違った意味に使っているのである。数学者が定義というのは（例えば，〝集合〟とは〝ものの集まり〟だというように），読者がその意味をたまたま知っているだろうと思われるような単なる同義語を与えることではなく，確認のための判定法，言いかえると，定義されるものの性格づけを意味しているのである。〝定義〟はこうした種類のものでなければ，数学者にとっては，まず役にたたないといってよいだろう」。

　小学校や中学校では，何が無定義用語であり，何が公理かを指導するわけではない。したがって，上のような扱いを定義にすることもできないが，しかし，点とか直線とか平面といった語を共通理解のもとに無定義用語的に使い，判定に役立つように定義する。（用語の意味をきめていく）という考えは小・中学校でも大切なことである。このような正しく判定できるように意味を決めていこうとする考え，それを用いて正しく判断し，筋道立った活動をするようにすることが大切だと考える。その時，特に低学年ほど，**操作**が定義の役割をするという重要な位置をしめる。例えば，上の平行の場合にも，この定義を満足しているかどうかは，実際に一方の直線に垂直な直線をひいてみて，これが他方にも垂直になっているかどうかを調べたり，右図のように三角定規を操作して，定規の辺が2直線に重なるかどうかということを調べることによって判断する。また，角が直角であるかどうかは，右のように折って得られた紙の角Aをあててみて，これにぴったり合うかどうかを調べる。

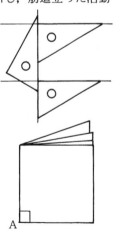

これは，これと合同な角が直角であると定義しているとも言える。すなわち，操作そのものが直角の定義である。

このようにみてくると，例えば，同一平面上にあって交わらない2直線は平行という叙述的な定義より，1本の直線に垂直な2直線は平行であるという，構成的定義のほうが望ましいと言えよう。

また，指導上では，「これまで考えてきた意味では曖昧であった。ここで意味を明確にしないと，これからの判断に困る」あるいは，「この意味を明確にする学習によって，これこれの意味がはっきりしてきた」ということを経験させることが必要であると言える。

そして，明確にした意味（例えば，四つの角が直角な四角形ということ）を既知のこと（例えばながしかくというもの）と区別する目安が必要だということに気づかせる。ここに用語・記号（例えば「長方形」）の必要がでてくる一つの場合であることがわかる。

算数・数学で取り上げる用語・記号には，算数・数学でこれこれの意味にはこの用語・記号を用いることと決められている＋，－，＝や数字などのような用語・記号がある。これについては，「何か簡単な記号を使って簡潔に表す必要がある」ということに十分気づかせるところに指導の重点をおき，その必要性がわかったら，「＋」や「－」の記号はその意味とともに正しく教えればよい。

このようなformalな記号化に対して，特に算数・数学で，どんな用語・記号を用いるかが決められていないで，それぞれの場面に応じて，適当な記号を工夫していくというinformalな記号化がある。ここでは，より簡潔，明確に表そうということから適当な記号（時には用語）を工夫しようとする考え方が大切となる。

[84]「用語・記号の長所は，いつも具体的な事柄に立ちもどることなく，それらに拘束されず，思考を進めることができることである。例えば，記号などの組み合わせを，また，一つの記号とみるなどして，それが代表する対象を

考察したり，処理したりすることなどである。

　なお，対象としている概念や操作などの意味が拡張されたり，統合されたりすることに対して，それが表現する用語・記号の意味の理解も相伴うようにすることが必要であるが，こうした拡張や統合を行う場合に，記号のもつ形式性が重要な役割をなしていることも多いのである」。そして記号を用いて形式的に考えていくことは，数学の特徴である。[85]「数学は内容に関係なく，純粋に形式を研究する学問である。個々に用いられる一つ一つの解法を考えるのでなく，これらのもっている形式に目をつけて，ある形式をもったものはどんな特性があるか。それが他の形式とどんな関係にあるかを考えていくものである。これによって，個々の問題が，どの形式にあてはまるかさえわかれば，その形式のもっている性質は，その問題にすべて成り立つことがわかる。この意味で，具体的な問題を形式化していく考え，および形式に目をつけて考えていこうとする考えを養うことは極めて重要である」。

　このように用語・記号を用いていく考え方は，ものごとを簡潔・明確に一般的に表そうというよさを生かすことであり，また形式的に考えを進め，思考労力を節約していこうというよさを生かすことであると言える。

② 　数量化，図形化の考え方の意味

　数学の対象は，数・量・図形だけではない。[86]「数・量・図形だけが数学の対象であるという考えを取り去ることが，むしろ現代化の一つのねらいであるとも言われている。しかし，数量化したり，図形化したりする考え方はこれに反したものではない。数量化することによって，取り扱いにくいものも容易に取り扱われるようになり，しかも正確に処理ができ，合理的になる」。そこで，数で表されたものだけを子供たちに与えて，その数の処理のしかただけを指導するのでなく，数量化されていない段階で，数量化する必要をもたせ，これをどうしたら数量化できるかを考えさせることが必要になる。

　例えば，音がうるさくて眠れないといっても，うるさいという度合いは人によって異なり，判断が客観的になり得ない。これを数量的にとらえること

によって，程度の比較も可能になり，操作も明確になる。また新幹線の混みぐあいを表すのに，定員の 150 ％ とか 120 ％ などと数を用いて表す。これも数量化である。単位面積当たりの人数を考えるというような考え方も，混みぐあいを数量化しようということから生まれたアイデアの現れであろう。また，平行ということを，同位角の相等でとらえようということも，この考え方の現れである。このように**数量化の考え方**を用いる場は数多くある。

　数量化と共に，図形に表して考えようという**図形化の考え方**も大切であることは，初めに引用したヒルベルトの論からも明らかである。図形は視覚に訴えて，現象をわかりやすく示せるという特徴をもっているので，図（線分図，面積図，樹形図，数直線，幾何学的な図形など）を積極的に用いようとする考え方を育てるようにしなくてはならない。この時，線分の長さや面積などは，その表すものの大きさを正確に表現しなくてもよい。題意をわかりやすく図に表そう，数量間の関係を把握しようとする意図があるから，大きさを無視して表してもよいといったように，ねらいに応じて何を抽象して，それを図形に表すかを考えることが大切である。

　(2) **記号化の考え方の例**

【例1】　「山田，田中，中川，川本の 4 人が，1 列に並ぶ時，どんな違った並び方があるか」という問題で，その並び方の列挙のしかたを考えていくのに，いちいち

　　山田，田中，中川，川本

　　山田，田中，川本，中川……

といったように，姓を書いていったのでは面倒である。これをもっと簡潔に表そうという必要から，その頭文字をとって，

　　ヤ，タ，ナ，カ

　　ヤ，タ，カ，ナ……

と書いていったほうがよいことを知る。これは，一つの informal な記号化である。さらに，山田に 1，田中に 2，中川に 3，川本に 4 という数字を割

りあて，上の順列を，
　　1 2 3 4
　　1 2 4 3 ……

のように書いていくともっと表し方が簡潔になる。それに加えて，この問題の一般化がしやすくなり，思考がずっと楽になる。すなわち，「異なった4つの数字を用いた4桁の数の個数」という問題と同じことがわかり，問題自身も一般化されていく。

【例2】　加法の指導で「3と5で8」になることを，結果の8だけを書いておいたのでは，既知の数量がいくつで，これにどんな操作をすることによって8が得られたのかわからない。そこで，これを明示するためには，5と3と8を用い，さらにそこでの操作を表す記号を用いて示すことが必要であるといったように，より明確に表そうという態度や必要感から記号化の考え方のよさがわかってくる。

【例3】　いくつかの具体的問題を立式したら，いずれも$(a \times b) \div 2$の形になったとする。このことから，この式の形が同じことに目をつけて，これらの問題は同じものとみられないかと考えていく。これは記号をよむという考え方が統合のきっかけになる場合である。

【例4】　二つの集まりのどちらが個数が多いかを，一対一対応によって比べていたものを，より手際よい，よりよい方法を考えようということから，個数を数を用いて表そうとするのである。あるいは大きさの違いを明確に表そうということから個数を数を用いて表す。

　同様に，二つのものAとBのどちらかが5 $d\ell$ よりちょっと多かったとする。そこで，この違いをより明確に表そうとすることから，「ちょっと大きい」ということを数を用いて表そうとする。このことから測定の端下の大きさを分数や小数で表すことの学習へと進められる。

【例5】　日常生活で「半分の大きさに分ける」といった言い方がよくなされる。この「半分」が2等分した大きさという意味に使われていることを明確

に示そうということから，この大きさを数を用いて表そうと考える。その結果 $\frac{1}{2}$ を学習する。

【例6】　サイコロの偶数の目と奇数の目ではどちらが出やすいかを考える。そしてその出やすさを明確に表せないかを考え，それぞれの目の出る確からしさを数を用いて表そうとする。これによって確率の概念が得られていく。

【例7】　問題の意味をとらえやすくしたり，解法を見つけやすくするために，その工夫として，問題の関係を線分図や帯図や面積図に表そうとする。

また数の大小などの数の間の関係を示したり，考えたりするために，数直線を用いようとする。

これらの図形化については，逆に例えば数直線に表されている関係をよみとったり，これを式に表そうとしたり，線分図に表された関係をよみとっていこうとすることもある。例えば，「1 m 24.6 kg の鉄の棒がある。これが 15.8 kg では何 m か」という問題の関係を明確にとらえたい。また，演算を筋道立てて見出したいということから，これを数直線に表してみようとして，下図を得る。

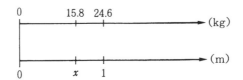

そしてまたこの図をみて，逆に 24.6 と 15.8 と x との関係は，

　　$x = 15.8 \div 24.6$

であることをよみとるということもある。

さらにこの数直線上での，与えられた数と求める数との位置関係から，除法の用いられる場合を一般化していこうとすることもできる。

【例8】　2円の位置関係をより明確にし判断しやすくしようということから，2円の半径と中心間の距離との大小関係という数量の間の関係によって

表そうとするのも数量化の考え方の現れである。そしてこのことから，2円の位置関係を数量的に一般化してとらえる。

これらの例から，初めに一般的に考察したことが確かめられる。記号化，数量化，図形化は，問題を明確にとらえ，解決を見つけやすくしようということや，ねらいや内容を明確，簡潔に表そうということからなされることである。そしてこれらの考え方を用い類推的な考え方によって，考察している対象を一般化できる。

§4 数学の内容に関係した数学的な考え方

これまでに考えてきたように，**内容に関係した数学的な考え方**とは，算数数学科の内容を支え，適切な場での使用を発動させる考え方である。

それぞれの数学的な内容が考え出され用いられるのは，その必要があり，価値が認められるからである。そこでこれらの内容を生かして用いていけるようにするには，そのよさに気づかせなくてはならない。それにはそのもとにある考え方を取り出しこれを指導することが必要であると言えよう。内容のよさをよりよく理解し，各内容を適切にはたらかせていけるようになるには，この考え方を身につけなくてはならないと考える。

そして上述のことからこの内容に関する考え方は，算数数学の指導内容を検討することによって得られるであろう。それぞれの内容が一般にどんな考え方に支えられているかを検討することによって得られるであろうと考えた。そこで各内容について，一般にどんな考え方が支えとなっているとみられるかを考察する。このようにして得られた内容に関係した考え方を，以下の考察の中でアンダーラインをひいて表した。またこれらの考え方を**アイデア**とよぶこととする。

算数数学科の内容領域は，数(Numbers;Nと表すこととする。以下同様)，計算

(Computation;C), 量と測定(Quantities and Measurment;M), 図形(Geometrical Figures;G), 式(Algebraic Expression;E), 関数(Function; F), 統計(Statistics;S)である。

1 数(N)に関する内容とこれについての考え

数に関する内容は次のようにまとめられる。

N 1 ものやものの集合として数を抽象すること

N 2 数の用いられる場合を理解し, これが正しく用いられるようにすると共に, 用いる場合を広げるに従って, 数を拡張していくこと

N 3 数えたり大小を比べたりする対象を把握すること

N 4 ものと数詞や数字などの記号とを対応させること

N 5 数え方の工夫ができること

N 6 数を正しく書き表したり, よんだりできるようにすること

N 7 数の大小・相等の比較のしかたを理解し, これが正しくできること

N 8 概数の意味や, 概数の求め方を理解すること

N 9 数を数直線上に表したり, 直線上の点の位置, 線の長さを数を用いて表すこと

N10 数や数の集合についての性質を理解し, これを用いること

N11 N 1～10までの知識や技能を, 手軽に形式的に使えるようにすること

N 1 ものやものの集合として数を抽象すること

例えば, 3人の人の集まり, りんご3個の集まり, 紙3枚の集まりなどに共通した性質として, 3という数を抽象する。また3番目に並んでいる鉛筆, 3人目にいる人などから, 順序数としての3を抽象する。

ここでは, 3という共通な性質を抽象しようとする抽象化の考え方が中心であると言えよう。

この時何を1とみるかという<u>単位の考え</u>が使われる。それは例えばものの

大小，質にかかわらず，それぞれを1とみるということである。

N2　数の用いられる場合を理解し，これが正しく用いられるようにすると共に，用いる場合を広げるに従って，数を拡張していくこと

　数が場面に応じて適切に用いられるためには，数の用いられる場合をよく理解しなくてはならない。例えば集合数，順序数，分類整理番号，測定数，分割分数，割合分数などというのは，数の用いられる場合を示している。またこれらの用いられる場合を一般化していくことによって，数の意味がつかまれていく。そこで，用いられる場合や意味に基づいて，数を用いていこうとする考えが大切であると言える。また数をより広く用いていこうということから，数の範囲を，整数，小数，分数，正負の数へと拡張していく。
[87]「新しい数は新しい仕事をするために，人間によって発見され，古い数によって定義される。これらの仕事のあるものは，除法や減法，開平などの演算を常に可能にすることであり，また一次方程式や二次方程式の解が常にあるようにすることであり，また正方形の対角線や0°以下の気温や損失といったような幾何学的な量や，物理的量，その他の量を表すことである」。このようにここでは拡張の考え方が重要であると言える。

N3　数えたり大小を比べたりする対象を把握すること

　数概念の指導では，まず個数の大小を比べたり個数を数えたりさせる。この時まず何を数えたり，比べたりするのかという，数えたり比べたりする対象を明確にとらえなくてはならない。すなわち，対象を明確にとらえようとする態度が必要となる。そしてそのことをするには，数えたり比べたりするものとして，どういうものを一つ一つのものとみるのかということをはっきりさせることが必要である。

　すなわち，何を1として，単位としてみるのかということをはっきりさせようという，単位の考えが大切であると言える。

N4　ものと数詞や数字などの記号とを対応させること

　数えるには，いうまでもなく，数えるものと数詞や数字などの数を表す記

号とを正しく対応させなくてはならない。また量の大きさを調べたり，それを表す時にも適当な数詞や記号を対応させなくてはならない。

　それには，各数詞や数を表す記号の意味を正しくとらえ，それに基づいて数えなくてはならない。したがって，ここでは，数詞や記号を用いて表そう，これを正しくよもうという記号化の考え方と共に，<u>表現のしかたの基本的な約束や原理に基づいて考えよう</u>ということが基本として大切である。

N 5　数え方の工夫ができること

　場面が少し複雑になると，数え方の工夫をすることが必要になる。

　それは主に次のような工夫である。

　◇適当な大きさにまとめて数える。

　◇数えるものと関数関係にある数えやすいものにおき換えて数える。

　◇適当な観点に着目して分類して数える。

　この第一のは10個や100個という大きさを単位としてまとめたり，これらの単位の大きさや，関係に着目しようという<u>単位の考え</u>であり，第二は<u>関数的な考え</u>である。

　そして，最後のは，分類しようという態度である。

　このように分類や関数の考えと，単位の考えが大切であるといえる。

N 6　数を正しく書き表したり，よんだりできるようにすること

　これはもちろん記数法，命数法についてのことである。記数法は整数と小数については，十進位取り記数法によるのであるが，これは10のまとまりごとに新しい単位を決めていこう，そしてその単位の個数を表す数字の位置によって，その単位を表すというものである。そのもとには，<u>単位の考え</u>があることがわかる。

　また分数では，何を単位にし，そのいくつ分で表すかということを考えることであり，またこの約束のもとに分数の意味を正しくよんでいこうとすることである。

　さらに$2\sqrt{2}$などは，$\sqrt{2}$を単位にして数を表そうという考えの現れであ

るように，適当なものを単位にして数を表そうという単位の考えによって考え出された数と言えよう。
　そしてこれら数についての大小比較や四則演算は，この表現のしかたの約束に基づいて書き表したりよんだりしようと考えることである。これは表現のしかたについての考えによるものであろう。
N7　数の大小・相等の比較のしかたを理解し，これが正しくできること
　ものの個数の大小は，どれを一つ一つのものとして比べるか，またその1の大きさを明確にしようという単位の考えがまず必要である。そしてその結果を数を用いて表し，しかも適当な記号で表そうという，数量化や記号化の考え方が大切であることは明らかである。さらに数字を用いて表された場合の大小比較では，例えば十進位取り記数法で表されている時には，上の位から順に比べればよいという，その表し方の約束に基づいて考えようという考えがもとになると言える。
N8　概数の意味や，概数の求め方を理解すること
　仕事をする時に，結果の見通しを立てることは望ましいことである。そのために四捨五入など概数に関する知識・技能を用いる。そこで必要な時にそのような方法をとることに気づき，これを用いられるようにする。それには，まず概数を取ってみよう，数の大きさを概括的にとらえようという考えをすることが必要だと考えられる。
N9　数を数直線上に表したり，直線上の点の位置，線の大きさを数を用いて表すこと
　数やその計算を図に表して，視覚的に扱えるようにすることは，思考を容易にする。また逆に図形的性質を数や計算の性質に置き直すことによって，代数的に扱うことができる。このようにして図形的性質と，数的性質とを統合することができる。
　このようなことから数直線が有効に用いていけるようにする。
　これは図形化，数量化の考え方をしようということから出るものと言えよ

う。そしてこの図形化の考え方によって数直線に表すには，まず，1や10のような単位の位置や単位の大きさを決めようという<u>単位の考え</u>と，<u>数直線の表し方に基づいて考える</u>ということが欠かせないものであると言えよう。

N10　数や数の集合についての性質を理解し，これを用いること

素数，約数，倍数，最大公約数，最小公倍数などの数の性質を知りこれを用いることは，必ず，小・中学校で指導する内容である。これらを知り，用いていこうとすることへの方向づけは，<u>数の基本的性質には，どんな特徴があるのか，その基本的性質に着目しようという考え</u>が基になると考えられる。

N11　N1～N10に取り上げた知識や技能を，手軽に形式的に使えるようにすること

これは知識や操作がわかったということに留まらず，これを手軽に正しく用いていこうとすること。それはその意味を考えることなく，形式的に用いていこうといった，<u>アルゴリズムの考え</u>が大切だということだと言ってよいだろう。

このようにみてくると，数に関する内容を支え，これを生かしていくものは，すでにあげた抽象化や図形化の考え方，数量化の考え方，拡張的な考え方などの，方法に関係した考え方であることがわかる。そしてそれだけでなく，次頁の左の列に示すような考え方があることがわかる。そして上でみてきたことから，数に関する内容は，これらの考え方に矢印のように対応しているということが考えられる。

この矢印はどの考え（I1～I8）がどの内容（N1～N11）に関係するかについて，<u>上</u>の考察でとらえたことをまとめたものである。

I1～I8は数という内容を支えている考えとみられるので，これを「内容に関係した考え（アイデア）」とよぶことにする。そして以下でみるようにこのアイデアは他の領域の内容をも支える，多くの内容に共通した考えといえるものである。

内容に関係した考え（アイデア）	数の内容
I 1　構成要素（単位）の大きさや関係に着目する（単位の考え）	N 1　数の抽象
I 2　表現の基本原理に基づいて考えようとする（表現の考え）	N 2　数を用いる場合　数の拡張
I 3　ものや操作の意味を明らかにしたり，広げたり，それに基づいて考えようとする（操作の考え）	N 3　数える対象の把握
	N 4　ものと数詞や数字との対応
I 4　操作のしかたを形式化しようとする（アルゴリズムの考え）	
I 5　ものや操作の方法を大づかみにとらえたり，その結果を用いようとする（概括的把握の考え）	N 5　数え方の工夫
	N 6　数を書いたりよんだりする
I 6　基本的法則や性質に着目する（基本的性質の考え）	N 7　数の大小比較
I 7　何を決めれば何が決まるかということに着目したり，変数間の対応のルールを見つけたり，用いたりしようとする（関数的な考え）	N 8　概数
	N 9　数直線
	N10　数の性質
I 8　事柄や関係を式に表したり，式をよもうとする（式についての考え）	N11　知識・技能の使用の形式化

2　計算(C)に関する内容とこれについての考え

　次に計算に関する内容についても，数の場合と同様な考察を試みる。

　小，中学校では，小数，分数，正・負の数，平方根数それぞれについて，加減乗除を指導するが，その各々について，その内容は次の6つにまとめら

れよう。
C1 それぞれの数の加減乗除の演算について，その用いられるいろいろな場合について知り，これらの用いられる種々の場合を一般化して，各演算の意味を明らかにする。さらに数の範囲が広がると共に各演算の意味を拡張したりすること
C2 各計算について，基本的な法則が成り立つかどうかに注意を向けること。またこの法則を有効に用いていけるようにすること
C3 計算の方法を見つけたり，その方法を論理的に説明すること
C4 形式的な計算に習熟すること
C5 概算の意味や概算のしかたを理解すること
C6 問題解決に計算を適切に用いていけるようにすること
C1 それぞれの数の加減乗除の演算について，その用いられるいろいろな場合について知り，これらの用いられる種々の場合を一般化して，各演算の意味を明らかにする。さらに数の範囲が広がると共に各演算の意味を拡張したりすること

　ここでは各演算の用いられる場合を明らかにし，さらにそれを各演算の意味へと一般化する。またさらに意味を拡張していこうといった，一般化や拡張的な考え方が主要な内容である。その一般化，拡張は演算という<u>操作の意味を明らかにしたり，拡張のために操作の意味を広げたり，それに基づいて考えよう</u>といった考えが必要であり，これに基づいて，<u>正しく表現しよう</u>としなくてはならない。

C2 各計算について，基本的な法則が成り立つかどうかに注意を向けること。またこの法則を有効に用いていけるようにすること

　数範囲を広げるごとに，交換法則，結合法則，分配法則などの基本的法則が成り立つかどうかを検討し，それらを基にして，計算のしかたを見出したり，これを計算を上手にする工夫に生かしたり，検算に用いたりすることは大切なことである。

そこでこれらの基本的法則に着目しようという考えに着目していかなくてはならない。

C3　計算の方法を見つけたり，その方法を論理的に説明すること

例えば，7.2×4.3などの小数の乗法のしかたは，乗法の意味「1に当たる大きさが7.2の時，4.3に当たる大きさを求める」ことだから，0.1に当たる大きさを求めればこの43倍である。したがって，7.2÷10×43とすればよいと考えていく。これは乗法の意味に基づいて考えようとすることと，何を基準の大きさとするか，またその基準を0.1にしようと考えるなど単位の考えが大切であることを示している。また時には基本的性質を用いて，

$$7.3 \times 4.3 = 7.3 \times (4.3 \times 10) \div 10$$

とできるのもよい。そのためには筋道を立てて，演繹的に考えようということが必要であり，このように考えようとする時に，乗法の基本的な性質に着目しようという考えがなされる。

C4　形式的な計算に習熟すること

形式的な計算を正しく，できればなるべく速くできるようになることが望ましい。それは計算の1段1段を，計算の意味にもどって考えていくのではなく，機械的にできるようになることである。そこで操作のしかたを形式化しようと考え，また過程をきちんと表現していこうと考えることが必要である。

C5　概算の意味や概算のしかたを理解すること

計算の方法や結果について見通しを立てたり，計算の結果を確かめたりすることは，自主的に学習を進めていくうえで大事なことである。そのために概算をしてみるということが有効である。そこで結果を概括的にとらえようという考えが大切となる。

C6　問題解決に計算を適切に用いていけるようにすること

それにはまず結果について見通しを立てること，また方法についても見通しを立てることが必要である。このためには，類似の既知のことから類推するといった類推的な考え方と共に，結果の大体の見当をつけようという，概

括的に把握しようとする考えが有効であると言える。

　ついで，演算を決定する。それには操作の意味に基づいて考え，これを式に表そうと考えることであろう。そしてその演算を正しく実行することである。それには操作のしかたを形式的にしようというアルゴリズムの考えが必要なことがわかる。

　上で考えてきた計算の内容とアイデアとの関係をまとめると次のようになろう。このように計算の場合にも，アイデアのI1からI8までの考えが大切であると言えよう。

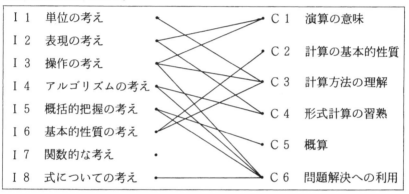

3　量と測定(M)の内容とこれについての考え

　ここでの量は長さ，速さなどの連続量で，これらの量の概念はその比較測定を通して次第に育てられていく。

　その内容は次のようにまとめられる。

　M1　量を抽象すること
　M2　量の大小を直接比べること
　M3　量の間接比較をすること
　M4　任意単位を決めて，そのいくつ分の大きさであるかを表すこと
　M5　標準単位による測定をすること
　M6　適当な計器や単位を選択すること

M7　間接測定をすること

M8　概測をすること

M9　量の比較や測定が,気軽に正しくできるようにし,これを問題解決に用いるようにすること

M1　量を抽象すること

　比較測定を通して,各々の量が抽象されていかなくてはならない。そのためには目的に応じて,それぞれの量を抽象しようという考えが必要であるから,ここでは抽象化の考え方が中心である。

M2　量の大小を直接比べること(直接比較)

　量の大小比較は,直接重ねたり,例えば一方の容器の水を他方の容器に移すことによって比べる。それにはこの比較の方法の意味に基づいて比較できるようにならなくてはならない。それにはこの方法の意味に基づいて,比較を考えていこうとする考えが大切となろう。

M3　量の間接比較をすること

　これは直接比べることができなかったり,直接比べることが難しい時になされる方法である。一方のものの大きさを,比べやすいものに写し取って比べようという方法であるから,そこでは,関係のある比べやすいものに置き直そうという,関数の考えをはたらかせることが基になるであろう。もちろんM2と同様にこの方法の意味に基づいて考えようという考えが必要である。

M4　任意単位を決めて,そのいくつ分の大きさであるかを表すこと

　比較だけではどちらがどれだけ大きいかはわからない。このような時に適当なものを単位にしてそのいくつ分であるかを調べ,それによって大きさを数を用いて表そうとするのであるが,数を使って大きさを表そうという,数量化の考え方が基になってなされるものである。そしてそれと共に数を用いて表すために,単位を決めようという,単位の考えも基になっていると言える。

M5　標準単位による測定をすること

ここでも単位の考えが中心であることはＭ４と同じである。それと共に標準単位とそれら相互の関係を知り，この意味に基づいて測定（操作）したり，その表し方の約束に基づいて，表し方を工夫する。さらに計器などを形式的に正しく用いられるようにならなくてはならない。したがって，形式的に測定をしようという考えも必要である。

Ｍ６　適当な計器や単位を選択すること

　大体の大きさの見当をつけたり，目的を考えて，適当な計器を選んだり，用いる単位を決めたりすることができるようになることは，大切な測定の能力である。これは，測定の見通しを立てようといったことから，概測をしようという考えが中心的なはたらきをすると言える。また最小の単位としてどこまで測りたいか，最大どれだけ測ればよいかといったことを考えて，計器や測定値を決めなくてはならない。ここでは，単位の考えが大切であることがわかる。

Ｍ７　間接測定をすること

　直接測定することが難しかったり面倒な時は，それと関数関係にある測定しやすいものを測定し，その結果を用いることができるようにならなくてはならない。

　例えば，面積などの公式は，この間接測定をしようということから求められたものであると言える。そこであるものの測定値を得ようという時，それが直接得られなかったり，得ることが面倒であるということを経験し，これを基に，より思考労力を節約できる方法を考えようとし，それによって求める量と関数関係にある，求めやすい量を考え，それを測定し用いようとする関数的な考えが大切であることがわかる。これらの公式についての見方は，式をよむという考えが使われる場合でもある。この考えについては，後に考察する。

Ｍ８　概測をすること

　これは概算と同様である。比較測定の方法や結果についての見通しを立て

たり，結果を確かめたりするのに，この<u>概測（概括的把握）をしようとする
考え</u>がとられなくてはならない。

M9 量の比較や測定が，気軽に正しくできるようにし，これを問題解決に
用いるようにすること

　数の計算と同様に，量の比較測定がより気軽に正しくできるようになるこ
とが望ましい。それには求める量を，<u>概括的にとらえたり</u>，比較測定という
操作の意味に基づいて，操作を正しくし，それを<u>形式的に使用しようとする</u>
ことが大切である。また公式などの<u>基本的性質を正しく用いていこうとする</u>
考えが大切であると言えよう。

　このような考察から，量と測定の場合にも指導すべき内容を支える考えと
して，数や計算と同様な考えがとられ，それらの間の関係も，次のようにまと
められる。

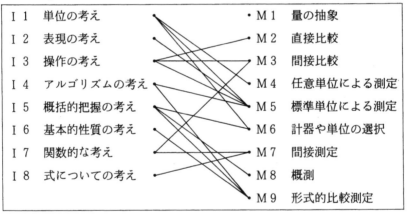

4 図形(G)に関する内容とこれについての考え

　図形については，次のような内容が考えられる。

　G1　それぞれの図形や図形に関する関係，操作の意味を知ること

　G2　種々の図形の概念を深めること

　G3　他の概念との関係を考えたり，概念を拡張すること

G4　移動や展開などの操作の意味や性質を理解すること
G5　概形を用いること
G6　基本的な作図や操作などを，形式的にできるようにすること，また証明を正しくすること
G1　それぞれの図形や図形に関する関係，操作の意味を知ること

　ここでは，具体的なものから形やその関係，操作を抽象し，その数学的特徴を明確にすることであると言えよう。したがって，抽象化や一般化の考え方が中心的なはたらきをすると言える。

　小学校低学年では，「しかく」や「まる」として形を全体的にとらえている。これを図形を構成する要素である辺，面，頂点の数や大きさや，それらの間の平行，相等などの関係を抽出していくことによって，各図形や関係の概念が作られていく。また平行移動などの操作は，図形を全体としてみるのでなく，どの点がどの点に移るかということを考えることによって，その概念がつくられていく。

　したがってここでは，図形を形成する要素やその関係に着目していこうという考えが大切になることがわかる。

　そして，この構成要素は，数や量の場合の単位に当たるものとみられる。そこでここでも単位の考えが重要であるといってよいであろう。

G2　種々の図形の概念を深めること

　各概念を抽象したら，さらにその概念のもつ性質を豊かにしていくこと，すなわち，内包を豊かにすることがなされなくてはならない。例えば，平行四辺形の辺や角の相等関係を明らかにしたり，平行四辺形であるための条件を明らかにしたりしなくてはならない。この時も構成要素の関係に着目するという考えが基本である。

　中学校で図形についての論証がなされる。そしてそこでは既知の定義や，定理を用いていくのであるが，例えば合同や相似の条件を用いようとする時，辺の関係で迫ろうか，角の関係で迫ろうかということの選択が重要となる。

そして仮定と結論を明確にすると共に，既知の定義や性質の何を使うとよいかを考え，これを適切に選択し，用いていかなくてはならない。

このように，論証では演繹的な考え方が中心になされるのであるが，それが有効になされていくためには，基本的性質や法則に着目していこうという考えや，構成要素に着目していこうという考えが大切であることがわかる。

G3　他の概念との関係を考えたり，概念を拡張すること

「長方形は合同な二つの三角形に分けられる」とか，「長方形は円に内接する」「長方形は直角柱の側面になっている」といった他の図形との関係を考えることによって，その図形の理解がいっそう深まる。また「長方形は平行四辺形の特別なものであり，正方形を含む」といった包摂関係を考えることにより，図形が体系的にまとめられる。これはまた論証には欠かせないことである。例えば「長方形である」ことを証明するには，平行四辺形であることをまず証明し，ついで例えば1角が直角であることを証明するといった方法がとられる。これは，包摂関係に基づいている。

この時にも，それぞれの図形の構成要素が何であるかに着目したり，基本的な性質や法則に基づいて考えようとする考えが証明を支えるものであると言える。

G4　移動や展開などの操作の意味や性質を理解すること

操作そのものの意味の理解は，計算の意味の理解と同様に大切な内容である。そしてこれによってまた図形を見る目をいっそう豊かにする。

このような操作の意味を理解し用いるには，操作の意味を理解し，これに基づいて考えようとすることがまずなされなくてはならない。そしてこの時どの点がどの点に対応するかといった構成要素に着目し，見通しを立てること，及びどの点を決めれば全体が決まるかという依存関係に着目するという関数の考えと基本的性質に基づいて考えることが大切となろう。

G5　概形を用いること

やや複雑な図形の特徴をとらえるのに，例えばそれを長方形とみなしたり

するといった意味での概形をとらえることは，事象を数学の場に取り入れる上で大切である。ここでは単純化，理想化などの考え方が使われる。また作図や証明問題を解決するのに，その問題の意味をとらえたり，解決の見通しを立てたりする時に，概形をかくことが必要である。したがって，ものや操作を概括的にとらえようという考えが大切であることがわかる。

G6　基本的な作図や操作などを，形式的にできるようにすること，また証明を正しくすること

基本的な作図や，対称移動した図形や立方体の展開図などをかく時に，いちいちその意味を確認することをしないで，機械的にかけるようにすることは必要なことである。この意味で，操作の意味を形式化しようという考えは必要なことであると言える。

また中学校の「図形」では証明が大切な内容であるが，この証明は，演繹的な考え方を中心として，類推的な考え方や帰納的な考え方，記号化等の方法に関する考え方が重要であることは言うまでもない。しかしこれらの考え方を用いる時，図形の基本性質を正しく選択し用いようとしたり，証明の表現のしかたを約束に基づいて正しくしようとするといった内容についての考えが欠かせないものとなる。

以上の考察から「図形」の内容とアイデアとの関係が次のようにまとめられる。

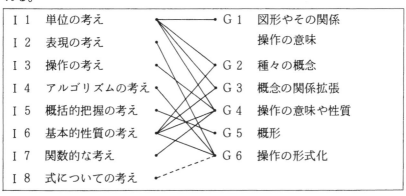

5 式(E)に関する内容とこれについての考え

式に関する内容を次のようにまとめることができる。

E1　事柄や関係を式に表すこと

E2　式をよむこと

E3　式を形式的に操作すること

E1　事柄や関係を式に表すこと

数量的，代数的な事柄や関係，及び思考過程を式に表すことは，言うまでもなく，それによって，事柄や関係を普通の言葉より，簡潔明確に示せる。すなわち，普通の文より短く，意味を明確に，結果に影響する要因のみで示され，余分なものが入らないようにできる。しかも変数と定数の区別ができる。

このようなことから式に表そうといった考えが大切になると言える。そして，簡潔明確に表そうとして，式に表そうという考えがなされる。またこのことは一般化したり，論理的に考えたり，表したりしていこうといった考え方や態度に関係してなされる。

これは図形に関する場面でも同様で，図形の性質や問題の条件，及び結論を言葉で述べるよりも，頂点や辺に適当な記号を導入して，式に表したほうが簡潔で明確なことが多い。また証明などの思考の過程を式で記述することも同様なよさからしばしばなされることである。

すなわち，記号化の考え方を基にして，<u>式に表そうという考え</u>が大切であると言える。

E2　式をよむこと

式の表す意味をより明確にしたり，一般化したり，その表す事柄や関係を統合したり，発展させたりする時に，また式の正しさをチェックする時に，式をよむということは有効である。

例えば，「60人乗りのバスで，1人の乗車賃が500円だが，貸切りにすると乗車賃が2割引になる。この時，何人以上なら貸切りの方が得か」という

問題に対して，求める人数を x 人以上とすると，
$$500 \times x \geqq 500 \times 0.8 \times 60 \cdots\cdots(1)$$
と表せる。このことから，
$$x \geqq 0.8 \times 60 \cdots\cdots(2)$$
となる。

　ここでは式をよむことが大切である。すなわち「x は運賃の 500 には**依存しない**」ことをよむのである。また「x は人数と割り引いた後の割合との積」とよむことによって一般化ができる。運賃がいくらであろうが，定員と（1－割り引き率）との積で求められるということがわかる。

　また，「1辺に5個ずつ碁石を並べて正方形をつくると，周りの碁石の個数は何個か」を
$$5 \times 4 - 4$$
として解決したとする。そしてこの式を，1辺の個数の4倍より4少ない，とよむことによって，1辺の個数が一般に a 個の場合には，
$$a \times 4 - 4$$
でよいと一般化できる。さらにこれを「1辺の個数と頂点（辺）の数との積より頂点の数だけ少ない」とよむことによって，「正 n 角形の時は $a \times n - n$ とすればよいことがわかる」

　またこの式を
$$(a - 1) \times n$$
と変形する。この変形した式をもとの問題の図形によむことによって別解が得られる。このように<u>式から依存関係や関数関係をよみとったり，式を一般的によんだり，具体的場面によんだりしようとする考え</u>が大切であることがわかる。

E 3　式を形式的に操作すること

　式の表す意味に基づいて，変形することや等式の性質や，乗法，因数分解の公式などを正しく理解し，それらに基づいて式変形ができることも大切な

内容である。そしてさらにこれらの意味や性質を一つ一つ確認することなく，機械的に変形できるようになることが必要である。

ここでは，表現の基本原理に基づいて考えようとすること，基本的法則や性質に着目していく考えが基となり，また操作（変形）のしかたを形式化しようとする考えが使われることがわかる。

このようにみてくると，式に関する内容は考えに極めて近いものであり，考えⅠ1～Ⅰ8と次のような関係があるとまとめられる。

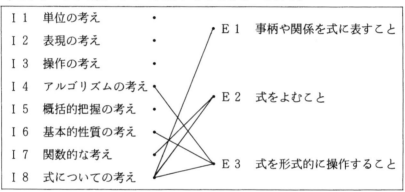

6 関数（F）に関する内容とこれについての考え

関数については，小学校では比例，反比例，中学校ではこれらと，一次関数，2乗に比例，2乗に反比例などの関数を指導するが，その中心は関数的な考えであると言ってよい。それは次の3つにまとめられよう。

 F1 依存関係に着目する
 F2 対応のルールを見つけ，これを用いようとする
 F3 関係の表現のしかたを工夫し，それから関数の特徴をよみとろうとする

F1 依存関係に着目する

関数的な考えの一つの特徴として，依存関係に着目するということがある。例えば数え方の工夫として，数えやすいものに置き換えるということが

あることは，数の内容の考察で考えてきたが，これは数えようとするものと対応関係（関数関係）にある数えやすいものに置き換えることで，数えようとするものが何に依存するかを考えることであると言える。

また前項の式についての考察で調べた貸切りバスの例で，貸切りのほうが得な人数は，1人分の乗車賃には依存しない，定員と割り引き率に依存するということを明らかにすることが大切であったが，このような考察は，依存関係に着目しようという考えによると言えよう。

また例えば，5年生に「n角形の面積を求めるには，何か所の長さを測ればよいか」という問題を考えさせる。一つの頂点から対角線をひいて，三角形に分ける。そしてそれぞれの三角形の底辺と高さを測ればよいと考える。これは，面積はどこを測れば決まるかということと，三角形の面積の公式を「面積は，底辺と高さを決めれば決まる」という依存関係を示しているという見方をしていると言えよう。

このように依存関係に着目するという考えは，広くもののとらえ方として大切な考えとみられる。

また，[88]アメリカのStephan Brownが中心になって，What if not？というテクニックを主張している。これは例えば，「条件の一つを否定して，他のものに変えたら結論がどう変わるか」という見方をするものである。したがって，ここではまず「条件を変えることによって，結論の変化が依存するか」という見方である。そしてさらにその依存のしかた，すなわち関数関係をみようということとみられる。したがって，What if not？は関数的な考えと言ってよいだろう。

F 2 対応のルールを見つけ，これを用いようとすること

第二の特徴として，対応関係を見つけたり用いたりすることがある。この時例えば上述の，n角形の求積の問題で，nを変数とみて，この変数のとりうる値の範囲，すなわち値の集合を考え，この自然数の集合の中で，nを3，4，5，……と順序よく変えていく。そしてこれに対応して，測定箇所の個

数がどう変わるか，そのルールを見つけていこうとするのである。

　このように，ここでは，**変数**に着目したり，定数を変数と見なしたりする**変数の考え**と，その変数のとりうる値の範囲に着目するという**集合の考え**，そしてその集合の中で変数の値を順序よく変えていくという**順序の考え**，またそのように変えていきながら，対応のルールを見つけていこうとする**対応の考え**がなされるという，活動の心理学的側面がなされる。このことによって，対応のルールが見つけられ，用いられていくようになる。ここで集合の要素は言うまでもなく数に限ったものではない。図形や量など種々なものが対象になる。また順序というのも，常に数について1，2，3，……と変えていくことだけではない。2，4，6，……と変えていくことや，分母が順に2，3，4，……のものと変えていくことなどもあるだけでなく，図形を特殊なものから順序よくより一般的なものへ変えていくというようなことも入る。そして「極限」や「連続」の考えも含まれる。

　このようなことから，**逐次近似の考え方**もこの関数の考えに含めて考えてよいとみられる。

　逐次近似というのは，「代数方程式の根や微分方程式・積分方程式などの解を求める時，推定その他の方法で近似解を求め，次にこの近似解を用いてさらに精度のよい近似解を求め，逐次この操作を繰り返して近似の精度を高める方法を言う。この操作を無限回繰り返して近似解が収束する証明ができる時には，この方法で解の存在を証明するような理論的研究にも利用できる」。そしてこれは算数や数学の学習でも用いることが有効なことがある。それは「一続きの試行系列で，一つ一つの試行はその前の試行の犯した誤りを修正しようとするものであり，全体からいって，そうやっていくうちにだんだん誤りは小さくなり，次々の試行は次第に求める最後のものに近づいていく」ようにするものであるからである。そこでこのような方法を用いようとする考え方が逐次近似の考え方である。しかしこれは上の考察からわかるように，単にいろいろな値を当てはめてみるということではなく，解のある

第Ⅳ章 数学的な考え方の内容 217

範囲を逐次組織的に順序よく狭めていこうとするものであるから，そこには，変数や集合の考え特に順序の考えが使われている。

例えば，円周や円の面積と半径の関係を求めるのに，内接正多角形と外接正多角形の辺数を順序よく変えていって各多角形の周や面積によって，円の周や面積の存在する範囲を狭めていこうとする考えである。

また例えば，「50円玉8枚と10円玉1枚とで36gあった。また50円玉7枚と10円玉5枚とで50gあった。50円玉，10円玉各1枚の重さは何gか」という問題に対して，まず結果の見通しを立てる。その時逐次近似の考えでよりよい近似値を求めていくように試みる。

		①	②	③	④
A	50円玉1枚の重さ	2	5	3	4
B	36gのほうの50円玉8枚の重さ	16	40	24	32
C	36gのほうの10円玉1枚の重さ	20	－4	12	4
D	50gのほうの50円玉7枚の重さ	14		21	28
E	50gのほうの10円玉5枚の重さ	36		29	22
F	50gのほうの10円玉1枚の重さ	7.2		5.8	4.4
G	CとFの大小	C＞F		C＞F	C＜F

50円玉1枚の重さを2gとしてみると，上の表①のように，36gのほうの10円玉1枚の重さCと，50gのほうの10円玉1枚の重さFとで，これが等しくなれば解である。しかし等しくならない。C＞Fである。そこで，50円玉1枚の重さを5gとしてみる。②のようにCが負となり，5gであることはない。だから5gより小さい。

そこで，2と5の間の値であるとみられる。この間の値3にしてみる。そうすると③のようにC＞F。したがって，3と5の間であろうと考える。この間の4にしてみる。④のようにC＜Fとなる。したがって，

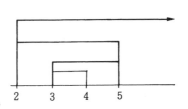

3と4の間であろうと考えられる。

このようにして，50円玉1枚の重さは整数値でなく，3と4の間の値であることがわかる。そこでさらに逐次近似の考えを用いて調べてみると次のようになる。

	⑤	⑥	⑦	⑧
A	3.5	3.9	3.95	3.94
B	28	31.2	31.6	31.52
C	8	4.8	4.4	4.48
D	24.5	27.3	27.65	27.58
E	25.5	22.7	22.35	22.42
F	5.1	4.54	4.47	4.484
G	C＞F	C＞F	C＜F	C≒F

⑤　A＝3.5にしてみるとC＞F。したがって3.5より大
⑥　A＝3.9にするとC＞F。ゆえに，3.9＜A＜4
⑦　A＝3.95にするとC＜F。ゆえに，3.9＜A＜3.95
⑧　A＝3.94にするとC≒F

となり近似解が見つかった。これを基に正解を求めていくことができる。

このように逐次近似（successive approximation）は順序よく変えていって対応関係を見ていると言える。このようなことから，ここではこの考えを，関数の考えに含めて考察する。

F 3　関係の表現のしかたを工夫し，それから関数の特徴をよみとろうとする

そして第三には，対応関係の表現のしかたを工夫しようとすることである。例えば215ページの多角形の例では（測定箇所の数を a とする），

| n | 3 | 4 | 5 | 6 | 7 | 8 |
| a | 2 | 3 | 5 | 6 | 8 | 9 |

のような表にする。あるいは a を偶数の時と奇数の時に分けて，

第Ⅳ章　数学的な考え方の内容　219

n	4	6	8
a	3	6	9

n	3	5	7
a	2	5	8

のような表にしようという工夫もあろう。

　さらにルールが見出された時これをどう表現するかを考えることも大切である。

　このままにしておかないで，よりわかりよい方法を工夫しようということである。その一つは式に表すことである。

$$n = 2k \text{ の時} \quad a = 3 \times \frac{n-2}{2}$$
$$n = 2k-1 \text{ の時} \quad a = 3 \times \frac{n-3}{2} + 2$$

というように。

　そして，比例や一次関数などの関数の意味を理解し，これを用いていけるようにすることは指導内容であるが，この内容は，

① 定数，独立変数 x，従属変数 y の弁別をする
② 変数 x，y の関係を適当な表，式，グラフに表す
③ その関係の表や式，グラフにおける特徴をとらえる

とまとめられる。これらは明らかに順に上述のＦ１，Ｆ３，Ｆ２に対応している。したがって，関数的な考えがこれらに注目させる基になることがわかる。

　このようなことから，この内容については，

　　Ｉ７　関数的な考え

が対応する。

7　統計（Ｓ）に関する内容とこれについての考え

　統計に関する指導内容は，次のように統計的な活動の段階に分けられる。

　Ｓ１　データの収集
　Ｓ２　データの分類整理
　Ｓ３　データの解釈

S4　データからの推測

S1　データの収集

　目的にあった観点を決めて，データを収集する。またデータを数量化する。集める範囲，何を一つのものとして集めるかを考える。また時には，落ちや重なりのない項目を決め，分類して集める。さらに数えやすいものに置き換えて集めるなどの工夫が必要である。

　ここでは数量化しようという考え方によって，何を1とみてどの範囲のものを集めるかを考える<u>単位の考え</u>，数量化の考え方，さらに数え方で述べたと同じ分類や，<u>関数的な考え</u>が使われることがわかる。

S2　データの分類整理

　この内容が小学校，中学校の「統計」の多くの部分を占めている。

　集めたデータを目的にあった落ちや重なりのないように観点を決めて分類整理し，これを表にする。またグラフにかく。そのために表やグラフの種類やつくり方を学習する。また代表値の意味や求め方を知り，これを計算する。ちらばりを調べる。これらがこの内容である。したがって，ここでは，分類の態度，図形化の考え方，グラフの単位を決めるために<u>概算</u>によって単位の大きさを<u>概括的にとらえようとすること</u>，表やグラフの<u>意味に基づいて</u>考えようとする考えが大切である。

S3　データの解釈

　例えば度数の一番大きいのはいくらか。増加している範囲はどこからどこまでかといったように，表やグラフ，代表値などからどんなことがわかるかを読み取ることがなされる。

　ここでは表や図や代表値を，その意味に基づいてよんだり，<u>数量化</u>したり，図形化したりする考え方や，全体的な傾向をとらえるために<u>概括的に把握しよ</u>うという考えが用いられる。もちろん具体的なデータから一般的な傾向を帰納しようとする。この時，<u>関数的な考え</u>が用いられている。

S4　データからの推測

データからデータの範囲外のことを推測するということが,統計の主要なねらいであることはいうまでもない。しかし小中学校では,理論に基づいた検定や推定をすることはできない。そこでここで取り上げる方法は,データから帰納した一般的傾向が,データを越えて成り立つであろうと推測することである。そしてそれをさらに新しいデータで確かめてみるということであろう。

したがって,ここでは帰納的な考え方や<u>概括的な把握をしようとする考え</u>が大切である。

以上のことから,統計に関する内容とアイデアとの関係をまとめると次のようになろう。

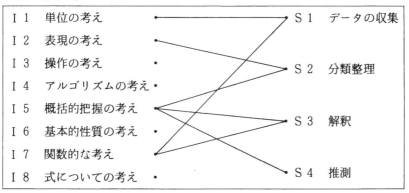

8 内容に関係した数学的な考え方のまとめ

これまでに,小,中学校の算数・数学科の指導内容の主要な面を考察し,そこでいかなる考え方がはたらくかを考察してきた。これによって,抽象化,一般化,演繹的,帰納的考え方などの方法に関する考え方と共に,I 1～I 8のようなアイデアがどの内容領域においても重要なはたらきをしていることがわかった。各内容をもっと詳しくみていけば,それぞれの内容に特有なアイデアを取り出すことができよう。しかしその一つ一つはそんなに広範に有効なものとは言えないであろう。それに対して,各領域に共通なアイデア

を取り出せれば，それはしばしば用いられるものであると言えよう。そしてそのようなアイデアが，これまでの考察で得たＩ１～Ｉ８である。

これを再びあげると次のようになる。

Ｉ１　構成要素（単位）の大きさや関係に着目する（**単位の考え**）

Ｉ２　表現の基本原理に基づいて考えようとする（**表現の考え**）

Ｉ３　ものや操作の意味を明らかにしたり，広げたり，それに基づいて考えようとする（**操作の考え**）

Ｉ４　操作のしかたを形式化しようとする（アルゴリズムの考え）

Ｉ５　ものや操作の方法を大づかみにとらえたり，その結果を用いようとする（**概括的把握の考え**）

Ｉ６　基本的法則や性質に着目する（**基本的性質の考え**）

Ｉ７　何を決めれば何が決まるかということに着目したり，変数間の対応のルールを見つけたり，用いたりしようとする（**関数的な考え**）

Ｉ８　事柄や関係を式に表したり，式をよもうとする(**式についての考え**)

引用文献と注

序章
(1) 筑波大学教育研究会『現代教育学の基礎』(ぎょうせい, 1982), pp. 447-456
(2) 同上

第Ⅰ章
(1) 佐伯伴『学力と思考』(第一法規, 1982), pp.12-14
(2) 広岡亮蔵「『学力と評価』論の今日的課題」『学力の構造と教育評価のありかた』(明治図書, 1979), p.9
(3) 勝田守一「学力とは何か」『教育』(国土社, 1962.7), p.24
(4) 鈴木秀一・藤岡信勝「今日の学力論における二, 三の問題」『科学思想』(新日本出版社, 1975.4), p.670
(5) 中内敏夫『学力と評価の理論』(国土社, 1971), p.56
(6) 鈴木, 藤岡前掲(4), pp.670-671
(7) 坂元忠芳「能力と学力」『国民教育』No.15 (労働旬報社, 1973.1), pp.22-27
(8) 鈴木, 藤岡前掲(4), p.671
(9) 坂元忠芳「今日の学力論争の理論的前提をめぐって(下)」『科学と思想』No.20 (新日本出版社, 1976.4), pp.761, 762, 768, 769
(10) 広岡前掲(2), p.20
(11) 上田薫「未来のための学力」『現代教育科学』No.1 (明治図書, 1964春季号), p.39
(12) 広岡亮蔵「学力, 基礎学力とは何か」『現代教育科学』No.1 (明治図書, 1964春季号), p.11
(13) 同上, pp.12, 13, 19, 21-24
(14) 同上, p.25
(15) 上田前掲(11), pp.35, 39
(16) 同上, pp.36, 37, 47, 48
(17) 広岡前掲(2), pp.10-13
(18) ピアジェ(波多野訳)『知能の心理学』(みすず書房, 1960), pp.15-17
(19) 広岡前掲(12), p.16
(20) 広岡前掲(12), p.27
(21) The Mathematical Association of America, INC., *The Reorganization of Mathematics in Secondary Education* (1923), p.6
(22) 同上, p.6

224

⑳ 同上，p.10
㉔ 中島健三『算数数学教育と数学的な考え方』(金子書房，1981)，p.26
㉕ 前掲㉑，p.8
㉖ 篠原助市『理論的教育学』(教育研究会，1929)，pp.354，355
㉗ 同上，pp.356，357，359，361，368-372，375-377，382

第Ⅱ章

(1)(2) 文部省『学制百年史 資料編』(帝国地方行政学会，1972)，pp.99-104
(3) 藤沢利喜太郎『算術條目及教授法全』(丸善，1885) pp.3-4，6-7
(4) 文部省『小学算術教師用』(1935) 凡例
(5) 塩野直道『数学教育論』(河出書房，1945)，pp.41-43
(6) 津々美教育研究所編『小学算術の編纂趣旨』(明治図書，1938)，p.31
(7) 高木佐加枝『「小学算術」の研究』(東洋館，1981)，pp.136，137
(8) 中野佐三編 児童心理学選書8『算数科の教育心理』(金子書房，1957)，p.11
(9) 片桐「大正・昭和初期算術新教育運動 ── 主観主義教育思潮 ──」『数学教育学論究Ⅰ』(日本数学教育学会，1961)，p.3
(10) 滑徳市『数学形象の原理に立つ生活統制の算術教育』(三幸堂，1934) 序
(11) 藤原安治郎『労作中心生活の算術教育』(教育研究会，1933)，p.11
(12) 同上，p.19
(13) 香取良範『組織的系統的生活算術の新研究中学年篇』(モナス社，1933) 序
(14) 中野恭一「小学校ニ於ケル算術教育ノ本質」広島高師附中数学研究会編『数学教育本質論』(修文館，1933) pp.196，199
(15) 稲次静一『算術教育原論』(郁文書院，1931)，p.44
(16)(17)(18)(19) 同上，pp.108，115，133
⒇ 三井善五郎「應用問題の解法指導に就いて」東京高師附小編『教育研究 248 号』(1922.11)
㉑ ペリー，クライン(丸山訳)『数学教育改革論』(明治図書，1972)，p.128
㉒ 同上，p.133
㉓ 同上，p.137
㉔ 小倉金之助『科学的精神と数学教育』(岩波書店，1937)，pp.69，74，81，82
　　この書物はこれまでに雑誌に書いたり講演したものをまとめたものである。上の引用は，日本中等教育数学会雑誌第5巻4・5号(1923.11)に掲載のものである。
㉕ 同上，pp.102，109(教育学術界25年記念号(1925)所載)
㉖ 同上，p.292(信濃教育1937.3所載)
㉗ 佐藤良一郎『小学校ニ於ケル算術教育上ノ諸問題』(目黒書店，1932)，p.43

(28) 同上，pp.44, 45
(29) 同上，p.50
(30) 文部省前掲(1)，pp.573, 574
(31) 文部省『カズノ本教師用書』，pp.1, 15
(32) 同上，p.17
(33) 小倉金之助，鍋島信太郎『現代数学教育史』(大日本図書，1958)，pp.402, 403
(34) 文部省前掲(1)，p.583
(35) 塩野前掲(5)，pp.63, 64
(36) 和田義信「算数科の問題点」『算数科の心理』(金子書房，1953)，p.214
(37)(38) 文部省『小学校学習指導要領算数科編(試案)昭和26年(1951)改訂版』(大日本図書)，pp.52-54
(39) 文部省『中学校・高等学校学習指導要領数学科編(試案)昭和26年(1951)改訂版』(中部図書)，pp.1, 2
(40) 文部省『高等学校学習指導要領数学科編昭和31年度改訂版』(好学社，1955)，p.3
(41) 同上，pp.22, 23, 41, 42
(42) 「座談会：高等学校数学科新教育課程の実施について」(『日本数学教育会誌』vol. 38，1956)，pp.16-22
(43) 日本数学教育会『数学教育』『算数教育』(1957-1965)
(44) 杉村欣次郎ほか編『数学教育講座』(吉野書房，1953)
(45) 文部省『小学校算数指導書』(大日本図書，1959)，p.197
(46) 文部省『中学校指導書数学編』(大阪書籍，1969)，p.169 同『小学校指導書算数編』(大阪書籍，1967)，p.168
(47) 同上
(48) 中島健三他『これからの算数教育』(東洋館，1975)，pp.51, 52
(49) 川口廷「新学習指導要領(案)批判」(『新しい算数研究』1977.6，東洋館)
(50) 例えば，当時の代表的書物として次のようなものがあげられよう。
戸田清他監修『算数指導実例講座』(金子書房，1960)
(51) 日本数学教育学会「日本数学教育学会研究大会研究集録」(1965版-1977版)

第Ⅲ章

(1) 戸田清 「数学的考え方の交通整理」初等教育研究会『教育研究』第21巻第5号(1966)，p.12
(2) 赤攝也 「数学的考え方とはなにか」同上，p.24
(3) 秋月康夫「数学的考え方とその指導」同上，p.8
(4) 総合教育研究所『算数と数学』(1966.8)

(5) 川口廷他著『数学的な考え方と新しい算数』(東洋館, 1968)
(6) 伊藤一郎他編『新・算数指導講座全10巻』(金子書房, 1978)
(7) *National Council of Teachers of Mathematics 24th yearbook, The Growth of Mathematical Ideas K-12* Chap. 11 Promoting the Continuous Growth of Mathematical Concept, pp. 480-498
(8) 大野清四郎他『算数数学への新しいアプローチ』(日本放送出版社, 1972)
(9) 水戸市立石川小学校『算数科筋道を立てた考え方の指導』(明治図書, 1973)
(10) 香川県算数教育研究会『数学的な考え方を身につける算数学習指導』(明治図書, 1973)
(11) 東京都渋谷区立常磐松小学校『算数科内容の統合と教材の精選』(明治図書, 1975)
(12) 福島県白河市白河第一小学校『算数科教材精選と統合的発展的な考え方』(明治図書, 1975)
(13) 山口県美祢市大嶺小学校『算数科統合的発展的な考え方の指導』(明治図書, 1975)
(14) 愛媛県東与市壬生川小学校『自ら学ぶ力を育てる算数指導』(明治図書, 1977)
(15) Rick N Blake "1089: An Example of generating Problems" *Mathematics Teacher* (1983 Sept.), pp.14-19
(16) Stephan Brown & Walter Marion "What if not?" *Mathematics Teaching* 46 (Spring 1969), pp.38-45, 51, (Spring 1970), pp.9-17
(17) G. Polya *How to Solve it* (Anchor Books, 1975) G.ポリヤ(柿内訳)『いかにして問題をとくか』(丸善書店, 1949) 表紙裏
(18) 例えば G. Polya *Mathematical Discovery vol.* 1
(19) L. R. Chapman *The Process of Learning Mathematics* (Permagon Press, 1972), p.35
(20) Gary L. Musser "Problem-solving Strategies in School Mathematics" *NCTM 1980 yearbook, Problem Solving in School Mathematics*, pp.136-145
(21) Wayne A. Wickelgren *How to Solve Problems, Element of a Theory of Problems and Problem Solving* (W. H. Freeman and Company, 1974), p.46 & others
　ウエン A. ウイケルグレン(矢野訳)『問題をどう解くか問題解決の理論』(香潤社, 1980), p.47他
(22) John. F. LeBanc "You can teach problem solving" *Arithmetic Teacher* (1977 Nov.), p.17
(23) Alan H. Schoenfeld "Heuristics in the Classroom" *NCTM 1980 yearbook Problem Solving in School Mathematics* Chap. 3

⑷ Stephen Krulik and Jesse A. Rudnick "Teaching Problem Solving to Preservice Teachers" *Arithmetic Teacher* (1982 Feb.), p.43
㉕ R. Charles & F. Lester *Teaching Problem Solving What, Why & How* (Dale Seymour Publications, 1982)
R. チャールズ, F. レスター (中島健三訳)『算数の問題解決の指導』(金子書房, 1983), p.94
㉖ 同上, p.39
㉗ 同上, pp.39, 41, 49
㉘ 同上, p.41
㉙ 同上, p.54
㉚ 原 弘道「数学的考え方とは何か」『教育研究』(1966), pp.16, 17
㉛ 菊池兵一『数学的な考え方を伸ばす指導』(北辰図書, 1969)
㉜ 川口 廷「数学的に考えるということ」同上, pp.18, 19
㉝ 日本数学教育学会編『数学的な考え方とその指導 小学校編』(明治図書, 1970), pp.11～45
㉞ 同上, pp.17～48『同中学校編』『同高等学校編』(1971, 1969)
㉟ 総合教育研究所『算数と数学』(1966.7, 8), pp30, 31
㊱ 同上 (1966.7)
㊲ 都立教育研究所「数学的な考え方に関する研究(小学校)研究所紀要第1号」(1969), p.87
㊳ 片桐他『数学的な考え方とその指導』(近代新書, 1971)
㊴ 都立教育研究所前掲㊲, pp.83-155

第Ⅳ章

(1) 横浜市小学校教育研究会算数科『算数科観点別評価(試案)』(1982), p.257
(2) 金井達蔵『小学校関心態度その理論と指導と評価』(日本図書文化協会, 1984), p.140
(3) 秋月康夫「数学的な考え方とその指導」(初等教育研究会, 1968)『教育研究』Vol.21 No.4, p.8
(4) 赤攝也「数学的な考え方とは何か」同上, p.24
(5) 稲垣佳代子「メタ認知とモニタリング」『認知心理学講座4』(東京大学出版会, 1986), p.120
(6) J. Flavell "Metacognitive aspects of problem solving": L. B. Renick (Ed.), *The nature of intelligence*.(Hillsdale, Laurence Erlbaum Associates, 1976), p.232

(7) F.K.Lester "Methodological Considerations In Reseach on Mathematical Problem-Solving Instruction":A.Silver (Ed.) *Teaching and Learning Mathematical Problem Solving* (Lawrence Erlbaum Associates, 1985), p.61

(8) A.H.Schoenfeld *Mathematical Problem Solving* (Academic Press, Inc, 1985), p.138

(9) 稲垣前掲(5), p.121

(10) ibid. Lester(7), p.62

(11) 稲垣前掲(5), p.124

(12) ibid. Lester(7), p.63

(13) ibid, p.64

(14) ibid. Schoenfeld(8), p.154

(15) ibid. Lester(7), pp.50-58

(16) ibid. p.63

Lesterの「認知的―メタ認知的モデルの認知的カテゴリー」は次のようである。

認知的カテゴリー	メタ認知的決定のサンプル
方向付け:問題を評価し,理解するための方略的行動 　A. 理解の方略 　B. 情報の分析 　C. 最初の部分的表現 　D. 困難さや成功のチャンスの評価	キーワードを求めよう:それは,することを教えてくれる。この問題にある数は私には大きすぎる。これはあの問題と似ている。この問題を解くのにどうしたらよいかわからない。数がたくさんありすぎる。前にこれと似た問題をしたことがない。
組織化:行動の計画や活動の選択 　A. 目標の明確化 　B. 全体的な計画 　C. 部分的計画（全体計画の実行のために）	問題は「こういうこと」を求めていると思う。この問題は「この量を」見いだせば解けると思う。これらの数について先ず「この操作」をすべきだと思う。よく分からない。しかし「この仕方,方法」が,この種の問題に有効だろうと思う。
実行:計画をうまくするための行動の調整 　A. 部分的行動の実行	するのが(計算が)おそい。;ゆっくりやった方がいい。これは複雑だ。一段一段注意深くやるべきだ。この方法はうまくいかない。他の

B．進歩と各計画の一貫性のモニターリング C．放棄する点の決定（例．速さか正確さか，うまさの程度）	方法をしてみよう。それをしていくのに助けになることをはっきりさせる必要がある。これらの段階を書いていく必要がある。
検証：行われた決定と計画実行の結果の評価 　A．方向付けと組織化の評価 　　1．問題の表現の適切さ 　　2．組織的決定の適切さ 　　3．部分的計画と全体計画との一貫性 　　4．全体計画と目標の一貫性 　B．実行の評価 　　1．部分的行動のチェック 　　2．計画や問題の条件に対する途中の一貫性 　　3．最終結果の問題条件に対する一貫性	不注意だった。自分のした段階をチェックすればよかった。この計画が適当だということに自信がない。もう一度見直した方がよい。もう一度読み直そう。この答えは大き過ぎるようだ。やったことをチェックすべきだ。それはこの「型の」問題だったと思ったが，そうではないようだ。

(17) A. H. Schoenfeld "Metacognitive and Epistemological Ideas in Mathematical Understanding"：E. A. Silver (Ed.) *Teaching and Learning Mathematical Problem Solving* (Lawrence Erlbaum Associates, Publishers, 1985), p. 362

(18) 平凡社『哲学事典』(1954), p. 182

(19) Daniel Alfled Prescott *Emotion and the Educative Process* American Council on Education (1938), p. 36

(20) 永田義夫，湯本信夫『科学的思考を伸ばす理科指導』(東洋館, 1958), pp. 3, 25

(21) 代表片桐「数学的な考え方と科学的思考について」：科研一般研究A：算数・数学科教育と理科教育の関連に関する基礎的研究 (1983), p. 2

(22) 同上，p. 3

(23) G. Polya *How to solve it* (Princeton Uiversity Press, 1954), pp. 101, 130, 120, 47, 71, 90, 225
ポリヤ（柿内訳）『いかにして問題をとくか』(丸善, 1955), pp. 101, 130, 120, 47, 71, 90, 225

(24) G. Polya *Mathematics and Plausible Reasoning Vol.* I, II (Princeton

University Press, 1954), *Mathematical Discovery Vol.* I, II (John Wiley & Sons, Inc, 1962, 1965)

ポリヤ（柴垣訳）『数学における発見はいかになされるか』（丸善, 1958）

同『数学の問題の発見的解き方第1, 2巻』（みすず書房, 1964, 1967）

(25) W. Servais "Comment enseigner la mathématique pour quelle soit utile? Problématique et axiomatique" *Educational Studies in Mathematics* Vol. 1 No. 1/2, pp. 38-40

(26) 同上, p.45

(27) 同上, p.46

(28) W. W. Sawyer（中原訳）『数学へのプレリュード』（みすず書房, 1957）, p.24

(29) 啓林館『正田建次郎先生エッセイと思い出』（1978）, pp. 128, 129, 131, 132, 134

(30) 平凡社前掲(18), p. 263

(31) 同上, pp. 235, 1007

(32) ストリヤール（宮本訳）『数学教育学』（明治図書, 1976）, pp. 133-136

(33) ibid. G. Polya(24) (1954, val 1), pp. 3, 4

(34) ibid. pp. 5, 6

(35) 東京都立教育研究所「数学的な考え方とその指導計画の基礎資料作成に関する研究」（1968）, p.10

(36) 平凡社前掲(18), p.1255

(37) 東京都立教育研究所前掲(35), p.13

(38) G. ポリヤ前掲(23), pp.180, 181

(39) 同上, pp.42, 108

(40) 同上, 表紙裏

(41) 平凡社『世界大百科事典』（1967）

(42) R. L. ワイルダー（吉田洋一訳）『数学基礎論序説』（培風館, 1969）, p.20

(43) ラルース『現代数学百科』（平凡社, 1977）, p.98

(44) 弥永昌吉他編『初等数学事典』（岩崎書店, 1956）, p.35

(45) 同上, p.36

(46) 東京都立教育研究所前掲(35)

(47) NCTM 24th *yearbook The Growth of Mathematical Ideas K-* 12(1958)

(48) 文部省『小学校指導書算数編』（大阪書籍, 1969）, p. 6

(49) 片桐他『数学的な考え方とその指導』（近代新書, 1971）, pp. 131-138

(50) 中島健三『算数数学と数学的な考え方』（金子書房, 1981）, pp. 127-129

(51) 小倉金之助, 鍋島信太郎『現代数学教育史』（大日本図書, 1957）, p. 375

(52) 中島前掲(50), p.127

(53) 文部省前掲(48), p.6
(54) 中島前掲(50), pp.40, 127
(55) 国立教育研究所「国際数学教育調査IEA日本国内委員会報告書」(1966)
(56) 国立教育研究所「中学・高校生の数学成績と諸条件―第2回国際数学教育調査報告書―」(1982), p.41
(57) 片桐他前掲(49), pp.131-141 を修正したもの
(58) M.ウエルトハイマー(矢田部訳)『生産的思考』(岩波書店, 1852), pp.173-176, 178

（中心転換について次のように述べている）

　中心転換は，ゲシュタルト心理学者のM.ウエルトハイマーによると次のようなことである。

　「12才と10才の少年が庭でバトミントンをしている。もう数セットしているが，10才の方Bがずっと弱くて，すべてのゲームで打負かされていた。年上の子AはしばしばBがバアド（羽根）を返えせない程のたくみなサアヴをした。遂にBはラケットを投げ出し，"僕はもうやりたくないよ"といった。Aはもっと続けたい。2人ともたのしくなくなった。……

　「"どうしたら変えられるのだろうか。対抗しないでやることができないかしら"」
……

　そして「"いい考えが浮かんだ。こんなふうにして遊ぼう。そうだ，私たちの間でバアドがどのくらいの間続けてやりとりできるか，そして何回くらい落とさないでやりとりできるか数えてみよう。何回くらいとれるかしら。楽なサアブからはじめて，それをだんだん難しくしてゆこう……。"

　彼はうれしそうに，なにかを発見した人のように話した。これは彼にとってもまたBにとっても，同じく新しいことであった。

　Bもうれしそうに同意してこういった。"それはいい考えだ。はじめよう"と。そこで彼らは遊びはじめた。ゲームの性格は全く変ってしまった。彼らは共同して，熱心に愉快そうに一緒になって動いた。」

　これは，次のように一般化できる。

　「まずはじめに，Aは全体的状況を見，その中でのBとゲームとそして紛糾とを自分の自己を中心として見ていた。それらは，思考と行為とのいずれの面からみても，その意味，役割，位置，機能において，この中心に規定されていた。もしもこれが極端な場合であるならば，BはAが勝つために必要な人以外のものではないであろう。」

　しかし，「Aは一方的な皮相的な見方に固執していなかった。彼は，状況がBに対していかに見えているかを悟りはじめた。この中心の転換された構造において，

彼は自分をいまや一つの部分として，他の競技者をあまりいい仕方では取扱っていないものとして見るようになった。

しばらくしてから，ゲーム自身，その全体の諸特質及び諸要求が中心となった。彼も相手もいまでは中心ではなくなり，両者ともゲームに関連して見られるようになった。

論理的に，(自分自身を見たときの) Aは三つの中心化において異なっている。他の諸項も，力動的な諸要求，ヴェクトル，現実的状況とともに異なってくる。ゲームはいまや明らかに"よいゲーム"から逸脱したものとして見られる。」

(59) 片桐，兼田寿「オープンエンドな作問についての調査」No.85『新しい算数研究』(東洋館，1978.4)，pp.60-63
(60) 片桐他前掲(49)，pp.44,45
(61) 平凡社前掲(18)，pp.801
(62) 片桐他前掲(49)，p.45
(63) 中島健三，大野清四郎編『現代教育学体系四数学と思考』(第一法規，1974)，p.33
(64) 勝田守一『学習能力の個人差』(明治図書，1970)，p.53
(65) 片桐他前掲(49)，pp.45,46
(66) デカルト『精神指導の規則』(岩波書店，1953)，p.134
(67) G.ポリヤ『数学の問題の発見的解き方第1巻』(みすず書房，1964)，pp.31,32
(68) 片桐他前掲(49)，p.48
(69) Alan H. Schoenfeld "Heuristics in the Classroom" NCTM 1980 *year-book Problem Solving in School Mathematics* Chapter 3 (1980)，pp.9,10
(70) 中島他前掲(63)，p.135
(71) G.ポリヤ前掲(23)，p.82
(72) G.ポリヤ前掲(23)，p.83
(73) 同上，p.208
(74) Schoenfeld 前掲(69)
(75) G.ポリヤ前掲(67)，p.25
(76) 同上，p.209
(77) 同上，p.35
(78) ヒルベルト(一松信訳)『数学の問題』(共立出版，1969)，pp.6-7
(79) 文部省『小学校学習指導要領算数科編(試案)昭和26年(1951)改訂版』(大日本図書，1951)，pp.45-48
(80) 平凡社前掲(18)，pp.819,820

(81) 吉田洋一, 赤攝也『数学序説』(培風館, 1954), pp. 2, 3
(82) この規則はパスカル『幾何学精神』にある
(83) R. L. ワイルダー(吉田洋一訳)『数学基礎論序説』(培風館, 1972), p.77
(84) 東京都立教育研究所前掲(35), p.23
(85) 文部省前掲(48), p.8
(86) 片桐他前掲(49), pp.46, 47
(87) NCTM前掲(47), p.480
(88) Stephan Brown & Walter Marion "What if not? An Elaboration and School Illustration" *Mathematics Teaching* 51 (spring 1970), pp. 9-17
(89) NCTM *9th-yearbook Functional and Relational Thinking in mathematics* (1948), pp.23-32
(90) ibid. pp.24-26
(91) 平凡社前掲(41)
(92) ポリヤ前掲(67) (みすず書房, 1964), p.29

〔数学的な考え方・態度一覧〕

I 数学的な態度（第2巻 第Ⅶ章§2）

1. 自ら進んで自己の問題や目的・内容を明確に把握しようとする
   ① 疑問をもとうとする
   ② 問題意識をもとうとする
   ③ 事象の中から数学的な問題を見つけようとする
2. 筋道の立った行動をしようとする
   ① 目的にあった行動をしようとする
   ② 見通しを立てようとする
   ③ 使える資料や既習事項，仮定に基づいて考えようとする
3. 内容を簡潔明確に表現しようとする
   ① 問題や結果を簡潔明確に記録したり，伝えたりしようとする
   ② 分類整理して表そうとする
4. よりよいものを求めようとする
   ① 思考を対象的（具体的）思考から，操作的（抽象的）思考に高めようとする
   ② 自他の思考とその結果を評価し，洗練しようとする

II 数学の方法に関係した数学的な考え方（第1巻 第Ⅳ章§3）

1 帰納的な考え方
2 類推的な考え方
3 演繹的な考え方

  4 統合的な考え方
  5 発展的な考え方
  6 抽象化の考え方
    ——抽象化，具体化，理想化，条件の明確化の考え方——
  7 単純化の考え方
  8 一般化の考え方
  9 特殊化の考え方
  10 記号化の考え方
    ——記号化，数量化，図形化の考え方——

Ⅲ　数学の内容に関係した数学的な考え方 (第1巻　第Ⅳ章§4)

 Ⅰ1 構成要素（単位）の大きさや関係に着目する（**単位の考え**）
 Ⅰ2 表現の基本原理に基づいて考えようとする（**表現の考え**）
 Ⅰ3 ものや操作の意味を明らかにしたり，広げたり，それに基づいて考えようとする（**操作の考え**）
 Ⅰ4 操作のしかたを形式化しようとする（**アルゴリズムの考え**）
 Ⅰ5 ものや操作の方法を大づかみにとらえたり，その結果を用いようとする（**概括的把握の考え**）
 Ⅰ6 基本的法則や性質に着目する（**基本的性質の考え**）
 Ⅰ7 何を決めれば何が決まるかということに着目したり，変数間の対応のルールを見つけたり，用いたりしようとする（**関数的な考え**）
 Ⅰ8 事柄や関係を式に表したり，式をよもうとする（**式についての考え**）

〔数学的な考え方・態度の構造〕

問題解決の過程	数学的な態度	方法に関係した数学的な考え方	内容に関係した数学的な考え方							
			単位の考え	表現の考え	操作の考え	アルゴリズムの考え	概括的把握の考え	基本的性質の考え	関数的な考え	式についての考え
問題形成・把握	自ら進んで自己の問題や目的・内容を明確に把握しようとする 内容を簡潔明確に表現しようとする	抽象化（理想化，条件の明確化，具体化），単純化，記号化（数量化，図形化）							○	
見通しを立てる	筋道の立った行動をしようとする	類推的，特殊化，記号化（数量化，図形化）	○				○			
解決の実行	筋道の立った行動をしようとする 内容を簡潔明確に表現しようとする	帰納的，演繹的，類推的，単純化，特殊化，記号化，具体化	○	○	○	○			○	○
解の論理的組織化	筋道の立った行動をしようとする 内容を簡潔明確に表現しようとする	一般化，演繹的，帰納的	○	○	○		○			○
検　　　証	よりよいものをもとめようとする	統合的，発展的，一般化					○		○	○

(第2巻第Ⅶ章)

【著者紹介】

片桐　重男（かたぎり　しげお）

1925年生まれ。
東京都立高校教諭，東京教育大学大学院修士課程を経て，東京都立教育研究所指導主事，文部省初等教育教科調査官，横浜国立大学教授，文教大学教授を歴任。
新算数教育研究会名誉会長，算数数学教育合同研究会名誉会長。

●主な著書・編著書
『算数教育学概論』（東洋館出版社）
『算数と数学の一貫した指導が学力を向上させる』（学事出版）
『算数科基礎・基本の体系的指導（全6巻）』
『小学校算数科指導細案（全6巻）』
『個に応じた算数授業の全発問（全6巻）』
『算数教育の新しい体系と課題（全10巻）』
『新版　数学的な考え方とその指導（全4巻）』
『間違いだらけの算数指導　正しい・楽しい授業を創る秘訣』
　　　　　　　　　　　　　　（以上明治図書）他多数

数学的な考え方・態度とその指導1
名著復刻　数学的な考え方の具体化

2017年7月初版第1刷刊　Ⓒ著　者　片　桐　重　男
2023年11月初版第4刷刊　発行者　藤　原　光　政
　　　　　　　　　　　　発行所　明治図書出版株式会社
　　　　　　　　　　　　　　　　http://www.meijitosho.co.jp
　　　　　　　　　　　（企画）矢口郁雄　（校正）大内奈々子
　　　　　〒114-0023　東京都北区滝野川7-46-1
　　　　　振替00160-5-151318　電話03(5907)6701
　　　　　　　　　　　　　　　ご注文窓口　電話03(5907)6668

＊検印省略　　　　　　組版所　共同印刷株式会社

本書の無断コピーは，著作権・出版権にふれます。ご注意ください。

Printed in Japan　　　　　　　ISBN978-4-18-138610-8
もれなくクーポンがもらえる！読者アンケートはこちらから→

平成29年版 学習指導要領 改訂のポイント

小学校 算数

『授業力&学級経営力』編集部 編

数十年ぶりの大きな改訂となった平成29年版学習指導要領。その改訂の背景や新しい教育課程の方向性を、キーワードや事例を軸に徹底解説。資質・能力に基づく教科目標から、新しい領域構成まで、広く、深く扱っています。学習指導要領（案）の付録つき。

『授業力&学級経営力』PLUS

もくじ

- 提　言　算数科における改訂の具体的な方向性　笠井健一
- 第1章　キーワードでみる学習指導要領改訂のポイント
- 第2章　事例でみる学習指導要領改訂のポイント

120ページ／B5判／1,900円+税／図書番号：2713

明治図書

明治図書　携帯・スマートフォンからは　明治図書ONLINEへ　書籍の検索、注文ができます。
http://www.meijitosho.co.jp　＊併記4桁の図書番号（英数字）でHP、携帯での検索・注文が簡単に行えます。
〒114-0023　東京都北区滝野川7-46-1　ご注文窓口　TEL 03-5907-6668　FAX 050-3156-2790

＊価格は全て本体価格表示です。